現場で使える
ケアマネ新実務便利帖

田中 元 著
hajime tanaka

SHOEISHA

本書内容に関するお問い合わせについて

このたびは翔泳社の書籍をお買い上げいただき、誠にありがとうございます。弊社では、読者の皆様からのお問い合わせに適切に対応させていただくため、以下のガイドラインへのご協力をお願い致しております。下記項目をお読みいただき、手順に従ってお問い合わせください。

●ご質問される前に
弊社Webサイトの「正誤表」をご参照ください。これまでに判明した正誤や追加情報を掲載しています。
正誤表 https://www.shoeisha.co.jp/book/errata/

●ご質問方法
弊社Webサイトの「刊行物Q&A」をご利用ください。
刊行物Q&A https://www.shoeisha.co.jp/book/qa/
インターネットをご利用でない場合は、FAXまたは郵便にて、下記"愛読者サービスセンター"までお問い合わせください。
電話でのご質問は、お受けしておりません。

●回答について
回答は、ご質問いただいた手段によってご返事申し上げます。ご質問の内容によっては、回答に数日ないしはそれ以上の期間を要する場合があります。

●ご質問に際してのご注意
本書の対象を越えるもの、記述個所を特定されないもの、また読者固有の環境に起因するご質問等にはお答えできませんので、あらかじめご了承ください。

●郵便物送付先およびFAX番号
送付先住所
〒160-0006　東京都新宿区舟町5
FAX番号 03-5362-3818
宛先　(株)翔泳社　愛読者サービスセンター

●免責事項
※本書の記載内容は、2018年12月現在の法令等に基づいています。
※本書の出版にあたっては正確な記述に努めましたが、著者および出版社のいずれも、本書の内容に対してなんらかの保証をするものではありません。
※本書に記載されたURL等は予告なく変更される場合があります。
※本書に記載されている会社名、製品名はそれぞれ各社の商標および登録商標です。
※本書では™、®、©は割愛させていただいております。

はじめに

　介護保険制度とともに誕生した職種、ケアマネジャー（介護支援専門員）。約20年にわたる歴史のなかで、時代の流れとともにさまざまな役割がプラスされてきました。

　たとえば、病院から在宅への患者移行がスピードアップするなか、医療機関としてスムーズな在宅復帰を進めるためにケアマネの存在を無視することはできません。制度のうえでも、ケアマネに課せられた対医療連携にかかる実務は、国が進めようとしている地域包括ケアシステムのあり方を大きく左右しています。

　また、高齢者世帯をめぐって貧困や虐待などの課題がますます深刻化し、その課題を発見・整理して、行政や地域包括支援センターの支援につなげていく役割も、その多くはケアマネが担っているのが現状です。

　それだけ職能としての重要性が高まる一方、増え続ける細かい実務に追われ、利用者の尊厳の確保と自立に向けたケアマネジメントの本質をつい見失いそうになる──今、多くのケアマネが抱えている悩みではないでしょうか。

　特に2018年度の介護報酬・基準改定は、ケアマネにとって「激動」とも言える内容となりました。事業所のマニュアルは大急ぎで見直しても、現場のケアマネのスキルがなかなか追いつかない状況も耳にします。

　そうしたなかで、複雑な改定内容を整理しつつ、少しでもケアマネの実務をサポートする力になれないか。そんな思いから編んだのが本書です。厳しい時代において、ケアマネの職業人生を視界良好とする一助としていただければ幸いです。

2018年11月30日　介護福祉ジャーナリスト　田中元

本書の使い方

本書の構成
　本書は、2018年の介護保険制度の改正に伴い、大きく変化したケアマネの業務を整理した本です。
　本書は基本編と応用編で構成しています。基本編は、新しい介護保険で変化したケアマネの役割から、ケアプラン作成、利用者とのコミュニケーション、サービス担当者会議の開催についてなど、ケアマネ実務の土台となる部分について解説。応用編では、他機関との連携で必要な実務を解説しています。
　また、ケアマネの新しい実務での注意点やチェック項目などは、ダウンロードしてご利用いただけます。
　介護保険制度の改定ポイントを押さえながら、それによって変わった実務内容を確認しながら実践できる、実用的な1冊となっています。

実践シートのダウンロード方法
本書で紹介している文例および書式を「特典」として用意しています（ ダウンロード対応 と記載されたもののみ）。

SHOEISHA iD メンバー購入特典
特典ファイルは、以下のサイトからダウンロードして入手いただけます。

https://www.shoeisha.co.jp/book/present/9784798159560

特典ファイルは圧縮されています。ダウンロードしたファイルをダブルクリックすると、ファイルが解凍され、ご利用いただくことができます。

 特典ダウンロードの際には、SHOEISHA iD（翔泳社が運営する無料の会員制度）への会員登録が必要です。

■ 紙面の構成

本書は、ケアマネ業務を基本編と応用編に分けて構成しています。それぞれ、改正となったポイントの解説や、必要に応じて図、チェックリストなども掲載しています。各業務において、現場で今すぐ確認したいこと、困った際の解決方法にたどりつくことができます。

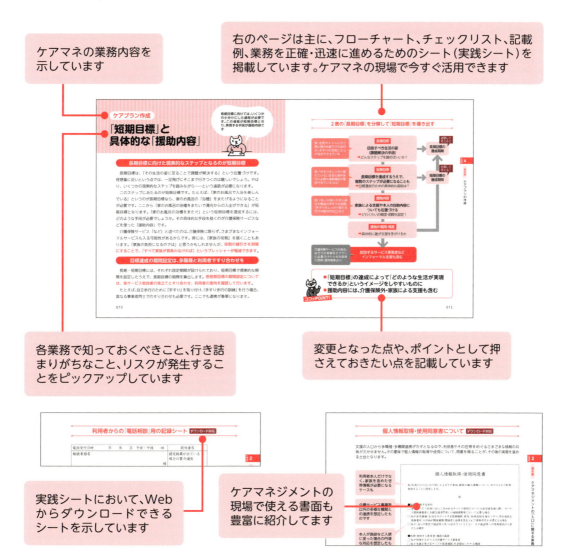

ケアマネの業務内容を示しています

右のページは主に、フローチャート、チェックリスト、記載例、業務を正確・迅速に進めるためのシート（実践シート）を掲載しています。ケアマネの現場で今すぐ活用できます

各業務で知っておくべきこと、行き詰まりがちなこと、リスクが発生することをピックアップしています

変更となった点や、ポイントとして押さえておきたい点を記載しています

実践シートにおいて、Webからダウンロードできるシートを示しています

ケアマネジメントの現場で使える書面も豊富に紹介してます

もくじ

はじめに 003
本書の使い方 004

基本編

PART 1
ケアマネの介護保険上の役割

新しい介護保険でケアマネが目指すこと 012
地域包括ケアシステムのなかでのケアマネ 014
自立支援・重度化防止ケアマネジメントの強化 016
利用者の課題が複雑化 ケアマネの役割とは 018
　知っておきたい！ 生活課題が複雑化・深刻化するなかで必要なスキルとは？ 020

PART 2
ケアマネジメントの「入口」に関する実務

支援依頼は、どこからどのようにやってくる？ 022
認定後に利用者から依頼がきた場合 024
認定結果の前に依頼がきた場合 026
医療機関などから依頼がきた場合 028
包括や相談支援事業所からの依頼 030
インテークの前後でどこまで情報を収集？ 032
　知っておきたい！ 利用者の要介護認定が更新された場合の対応は？ 036

PART 3
契約時業務とアセスメント

利用者との契約どのように進める？	038
2018年度に改定した新たな説明義務とは？	040
重要事項説明書に記すべきことは？	042
利用者への説明で特に注意したい点	044
アセスメントはどのように進める？	046
主治医などから事前に情報を得る	048
包括やそのほかの機関から情報を得る	050
本人や家族との面談による情報収集	052
生活の状況を実地でチェック	054
アセスメント情報をどうまとめるか？	056
知っておきたい！ 情報収集や支援経過のなかで「変化」することも	059
知っておきたい！ 居宅介護支援に利用者の自己負担が導入されるの？	062

PART 4
ケアプランの作成

1〜3表の記入手順をすっきり整理	064
「生活に対する意向」と「課題」を明らかに	066
「長期目標」と「総合的な援助の方針」	068
「短期目標」と具体的な「援助内容」	070
3表「週間サービス計画表」について	072
介護予防プランの考え方と記入法①	074
介護予防プランの考え方と記入法②	076
利用者にプラン原案を示す際に心得たいこと	078
知っておきたい！ AIケアプランの実現はどこまで進んでいるの？	080

PART 5
サービス事業所の選び方

- 訪問介護・訪問入浴介護 082
- 訪問看護・居宅療養管理指導 084
- 定期巡回・随時対応型、夜間対応型訪問介護 086
- 通所介護・認知症対応型通所介護など 088
- 通所リハビリ・訪問リハビリ 090
- 短期入所生活介護・短期入所療養介護 092
- 福祉用具貸与・購入費、住宅改修 094
- 小規模多機能型居宅介護（看護含む） 096
- 介護保険施設など入所・入居系 098
- 利用者が入所・入居サービスを希望したら 100
- インフォーマル資源を利用する場合 102
- 介護予防・日常生活支援総合事業の活用 104
  - 知っておきたい！ 若年性認知症の人のケースを担当する際に考慮したい点は？ 106

PART 6
サービス担当者会議の開催

- サ担会議はなぜ大切なのか？ 108
- サ担会議をスムーズに開催する準備 110
- 担当事業所の決定とサ担会議の召集 112
- 医師などへの参加依頼と文書での意見照会 114
- サ担会議当日までに準備しておくこと 116
- サ担会議の当日の進め方① 118
- サ担会議の当日の進め方② 120
- サ担会議のまとめとその後の対応 122

PART 7
モニタリングとプラン変更

- サービス開始直後のモニタリング ……………………… 126
- モニタリングの進め方① ……………………………… 128
- モニタリングの進め方② ……………………………… 130
- サービス担当者からの情報を整理 …………………… 132
- ケアプラン変更のタイミングは？ …………………… 134
- プラン変更が必要となった場合の実務 ……………… 136
  - 知っておきたい！ 利用者虐待の疑いがあるケースはどうすればいい？ …… 138

応用編

PART 8
医療機関との連携で必要な実務

- 在宅医療・介護連携推進事業を知ろう ……………… 140
- インテーク・契約段階からの連携実務 ……………… 142
- 在宅での「平時」からの連携実務 …………………… 144
- 利用者入院時の医療機関との連携 …………………… 146
- 入院中から退院時にかけての連携 …………………… 148
- 末期がん利用者のターミナル期 ……………………… 150
- 利用者の看取り時の連携について …………………… 152
  - 知っておきたい！ 医師との連携はどうにも苦手。どうしたらいい？ …… 154

PART 9
サービス事業者との連携で必要な実務

訪問系サービスとの連携実務 ……………………………… 156
通所系サービスとの連携実務 ……………………………… 158
短期入所系サービスとの連携実務 ………………………… 160
環境整備系サービスとの連携実務 ………………………… 162
施設等管轄外サービスとの連携実務 ……………………… 164
　知っておきたい！ 利用者が遠方に移住する場合の実務は？ ……………… 166

PART 10
保険者との連携やそのほかの実務

市区町村への指定権限の移行 ……………………………… 168
指導や監査、ケアプランの点検 …………………………… 170
頻回の生活援助についてのプラン届出 …………………… 172
2018年度改定での管理者要件変更 ………………………… 174
加算Ⅰ～Ⅲに新たな要件が誕生 …………………………… 176
新たに設けられた加算Ⅳ …………………………………… 178
居宅介護支援の各種減算 …………………………………… 180
利用者の費用負担についての注意点 ……………………… 182
ケアマネの給付管理業務 …………………………………… 184

参考資料

ACP（アドバンス・ケア・プランニング）の概要 ……… 186
住宅改修にケアマネがかかわる場合の流れ ……………… 187
入院時情報連携加算の様式例 ……………………………… 188
退院・退所加算の様式例 …………………………………… 190

PART

1

基本編

ケアマネの介護保険上の役割

ケアマネの役割
新しい介護保険で
ケアマネが目指すこと

介護保険のたび重なる見直しで、ケアマネに求められる役割はどのように変わってきたのでしょうか？ それをまずチェックします

介護保険の大幅な見直しが行われた

　2025年に団塊世代が全員75歳以上を迎えます。その時点で、介護保険の利用者がピークに達し、一号被保険者（65歳以上）の介護保険料も月額平均8000円台になると予想されています。利用者が安心して介護保険を使っていくには、時代のニーズにあった制度の見直しが必要です。そこで、国は2014年と2017年に介護保険に関する法律を改正し、運営・報酬にかかる基準も大幅に変更しました。

見直された介護保険でケアマネにかかわるポイントは？

　過去2回の改正で大きく変わった点のうち、ケアマネにかかわりの深いポイントは二つあります。ひとつは、**地域包括ケアシステムの強化**です。これは「高齢者の要介護状態がどんなに重くなっても、住み慣れた地域で暮らし続けられる」ことを目指したビジョンです。つまり、介護と医療の連携を強めて「重い状態の人」の地域生活を支えることに重点が置かれたわけです。

　もうひとつは、仮に要介護になっても、それ以上「重く」ならないようにすること**（自立支援・重度化防止）を、介護保険の役割としてはっきり位置づけた**ことです。

　上記の二つのポイントを頭に入れることがますます必要になります。

　ただし、介護保険を使う人のニーズは、「重い療養への対応」や「自立支援・重度化防止」だけではありません。たとえば、核家族化により家族への介護負担が増え、ストレスなどからくる虐待リスクも高まっています。

　社会のあり様が大きく変わっていくなかでは、要介護者をめぐる課題もますます複雑になり、ケアマネが担うべき業務の中身も整理し直さなければなりません。

たび重なる介護保険の見直しで、ケアマネの役割はどうなる？

```
団塊世代が全員75歳以上になる2025年
一号保険料の月平均が8000円台に!?
            ↓
  介護保険の立て直しを図るための改革
       ↙              ↘
予想される重度療養ニーズ      要介護度の維持・改善を
に対応するためのしくみ       図るためのサービスのあり方
(地域包括ケアシステムの強化)   (自立支援・重度化防止策)
       ↓              ↓
      これから重視されるケアマネの役割
       ↓              ↓
① 対医療等連携を強化しながら   ② 自立支援・重度化防止に効果の
  重度者の在宅生活を実現する     あるケアマネジメントを推進

       ③ 認知症対応や世帯の貧困、虐待
         など多様な課題への対処
```

社会のあり様が複雑になり、要介護者をめぐる課題も幅広くなっている

ココがPOINT！
- 介護保険改革の二つの柱「在宅での重度療養」と「自立支援・重度化防止」を見すえたスキルアップを！
- 要介護者をめぐる世帯課題にも注意を払おう

医療との連携をより深く
地域包括ケアシステムのなかでのケアマネ

重い療養が必要なケースで、在宅での生活を継続させていくには、今まで以上に医療機関などとの連携がカギとなります

利用者の「入院→退院」のスピードが速まるなかでの対応

　医療側のしくみ改革を見ると、入院医療は急性期への対処に重きを置き、急性期を脱した患者はできるだけ早く在宅などに戻すという流れが強まっています。前項で述べた地域包括ケアシステムも、こうした流れの受け皿を整えるというビジョンがあるわけです。

　入院から退院への流れが速まることを考えた場合、ケアマネとしては、今まで以上に**医療機関とのかかわり**が重要になります。たとえば、利用者の入院前・入院中から、医療機関との間でしっかりと情報共有を行うためのスキルが求められます。

在宅での重い療養に対し「地域医療」と連携も必須

　入院から退院までの流れが速まれば、利用者の病状が十分に安定しないまま在宅に戻るケースなども増えてきます。そうなると、普段から通院しているかかりつけ医とのやりとりも、ケアマネとしてさらに力を入れなければなりません。

　また、本人が通院の難しい状態にあるとすれば、訪問診療やＩＣＴなどを使った遠隔診療などに頼るケースも増えてくるでしょう。ケアマネが意識するチームケアのなかに、こうした医療資源が加わることを頭に入れておく必要もあります。

　ケアマネのなかには、「医療とのつきあいは苦手」という人も少なくありません。しかし、国はケアマネを「地域包括ケアの要（かなめ）」として位置づけて、**2018年度の運営基準の改定**でも、**「医療とのつきあい」に関する項目を一気に拡大**しています。ケアマネの日常業務のなかで、「医療機関との情報の共有」などがますます増えるのは間違いありません。円滑な連携のために体制を整える必要があります。

自己診断例❶ 「地域包括ケアシステム」に対応できるスキルはあるか？

1	担当する利用者の疾病で「聞いたことがない」ものはない	YES	NO
2	利用者が服用している薬はすべて把握している	YES	NO
3	プラン作成時には例外なく医療機関から情報をもらう	YES	NO
4	「難病」や「末期がん」の利用者を担当したことがある	YES	NO
5	医療機関からの紹介によるケースを担当したことがある	YES	NO
6	利用者入院時の情報提供を1年で3回以上経験している	YES	NO
7	利用者の入院中、最低でも1回は病棟に足を運んでいる	YES	NO
8	入院中の利用者の担当MSWの名前は把握している	YES	NO
9	利用者退院時の院内カンファに1年で3回以上出席	YES	NO
10	利用者退所時の老健内カンファに1年に1回以上出席	YES	NO
11	リハビリテーション病院に足を運んだことがある	YES	NO
12	週1回は担当利用者のかかりつけ医と連絡をとっている	YES	NO
13	地域の訪問診療医を3人以上知っている	YES	NO
14	なじみの訪問看護ステーションが3カ所以上ある	YES	NO
15	利用者のかかりつけ薬剤師とやりとりしたことがある	YES	NO
16	医療・介護の共同研修に3カ月に1回は参加している	YES	NO
17	地域の医療・介護の情報共有システムを活用している	YES	NO
18	緊急時等居宅カンファに参加したことがある	YES	NO
19	在宅での看取りケースを担当したことがある	YES	NO
20	診療報酬が改定されるたびにひと通りチェックしている	YES	NO

※あくまで「これから培っていきたいスキル」の一例です。事業所・地域での研修テーマを設定する際の参考にしてください

「YES」が7個以下のケアマネ ➡ 13個まで増やそう！

ココがPOINT!

- 利用者の入院時に医療機関に提出する情報を整理するスキルを高めよう
- 利用者の主治医等との連携もますます重要に

ケアプランを保険者に提出する場合も
自立支援・重度化防止ケアマネジメントの強化

利用者の重度化を防ぎ、自立を進めるには何が必要か。保険者によるケアプラン点検なども、この点がテーマの中心に

ケアプランが自立支援につながっているか、保険者が点検

　2017年の介護保険法の改正では、保険者（市区町村）が立てる介護保険事業計画に、以下の内容を記載することが義務づけられました。それは、地域の高齢者の「自立支援・重度化防止」のための施策や目標です。また、こうした施策・目標を進めるための「保険者の機能」（市区町村の計画が妥当だったかを考慮して）を評価して、その達成度によって新たな交付金も支給されることになりました。

　その評価項目のなかには、ケアプランの点検実施も含まれています。自立支援・重度化防止に向けたケアプランになっているかというチェックが強化されるわけです。

　そもそも介護保険法の第二条では、「保険給付は、要介護状態等の軽減または悪化の防止に資するよう（中略）行われなければならない」としています。ケアプランは保険給付の根拠となるものですから、この法律に沿うことが求められます。

　この点について、先の法改正は保険者によるかかわりを強めたわけです。ちなみに、2018年度から、**居宅介護支援の指定権限が都道府県から市区町村へと完全に移行**しています。ケアマネジメントが自立支援・重度化防止という目的に沿っているかについて、保険者（市区町村）の指導も強まってくることが予想されます。

頻回の生活援助を位置づけたプランは、保険者に提出する

　また、2018年度の運営基準改定では、訪問介護の生活援助について以下の義務が定められました。それは、**月あたり一定以上の訪問回数をケアプランに位置づけた場合、そのプランを保険者に提出するというもの**（10月施行）。個々のサービスが自立支援につながっているのか、生活援助の部分でチェックが始まったことになります。

自己診断例❷ 「自立支援・重度化防止の強化」に対応できるスキルはあるか？

1	利用者の「している生活」を意識的に見るようにしている	YES	NO
2	利用者の自立意欲を高める方法を自分なりに構築している	YES	NO
3	地域のデイの個別機能訓練加算の取得有無を把握している	YES	NO
4	生活機能向上連携加算のしくみが理解できている	YES	NO
5	栄養改善にかかる加算のしくみが理解できている	YES	NO
6	口腔機能向上にかかる加算のしくみが理解できている	YES	NO
7	生活援助を使う前に身体介護の見守り的援助導入を試みる	YES	NO
8	福祉用具は手すりなど自立支援をうながすものを重視している	YES	NO
9	地域の訪問リハの事業所を複数把握している	YES	NO
10	利用者がしていた医療リハの内容はすべて把握できている	YES	NO
11	モニタリングでは機能訓練の実地状況を必ずチェック	YES	NO
12	利用者の生活動作チェックで動画などを活用している	YES	NO
13	機能向上にともなう事故リスクの予測を常に心がけている	YES	NO
14	機能向上が進まない場合はプラン変更を常に考えている	YES	NO
15	地域で気軽に相談できるリハビリ職とのつきあいがある	YES	NO
16	地域で気軽に相談できる管理栄養士とのつきあいがある	YES	NO
17	地域で気軽に相談できる歯科衛生士とのつきあいがある	YES	NO
18	ST（言語聴覚士）を確保している事業所を知っている	YES	NO
19	自立支援型プランの作成に関する研修に参加している	YES	NO
20	地域ケア会議への事例提供を過去1年に2回以上実施	YES	NO

※あくまで「これから培っていきたいスキル」の一例です。事業所・地域での研修テーマを設定する際の参考にしてください

「YES」が7個以下のケアマネ ➡ 13個まで増やそう！

PART 1 基本編 ケアマネの介護保険上の役割

ココがPOINT！

- 利用者の「できない」ことではなく、「している・しようとしている生活」の姿に着目を
- 保険者のケアプラン点検事業の強化に備えよう

世帯事情も視野に入れる
利用者の課題が複雑化 ケアマネの役割とは

重い療養ニーズへの対応や自立支援・重度化防止だけでなく、複雑化している利用者ニーズへの対応もますます重要に

増え続ける認知症の利用者への対応強化も大きな課題

　介護保険の役割は、利用者の療養支援や運動機能を中心とした自立支援だけではありません。そのほかの大きなテーマとしては、たとえば、認知症の利用者への支援が挙げられます。

　人口の高齢化とともに認知症の人の数も増え続け、団塊世代が全員75歳以上になる2025年には、認知症の人は700万人（65歳以上の5人に1人）を超えるともいわれています。また、64歳以下で発症する若年性の認知症ケースでは、就労継続などのニーズが高まっています。ケアマネジメント上の大きな課題となるでしょう。

世帯事情が変わっていくなかでサービス調整の見直しも

　要介護者のいる世帯全体の課題も、視野に入れる必要があります。たとえば、国の調査では、同居家族の構成が「配偶者（または未婚の子供）のみ」というケースが増え、しかも高齢化が進んでいます。家族にかかる介護負担がますます厳しくなっています。さらには、そうした家族が介護のために離職したり、世帯の家計が基礎年金だけということなどから、貧困の問題も無視できません。介護サービスに払えるお金が十分になければ、ケアマネによるサービス調整もますます難しくなってきます。

　そのほか、同居家族に精神疾患などがあったり、介護負担によるストレスから虐待リスクも高まっています。いずれにしても、利用者の課題が複雑になれば、ケアマネだけで相談対応などを進めることは不可能です。となれば、行政や地域包括支援センター（以下、包括）、障がい福祉の相談支援員など、制度の枠を超えた**さまざまな専門職との連携もこれからのケアマネの責務**のひとつといえます。

自己診断例❸ 「認知症や世帯内の多様な課題」に対応できるスキルはあるか？

認知症について	1	認知症日常生活自立度Ⅲ以上の利用者を1年で複数担当	YES	NO
	2	認知症初期集中支援チームのしくみが理解できている	YES	NO
	3	国が定めた新オレンジプランの内容を把握できている	YES	NO
	4	認知症カフェや「認とも」などの地域資源が把握できている	YES	NO
	5	地域のSOSネットワークなどのしくみが理解できている	YES	NO
	6	認知症の人の外出時GPSのレンタル情報を把握している	YES	NO
	7	若年性認知症の利用者を担当したことがある	YES	NO
	8	地域の認知症疾患医療センターとやりとりしたことがある	YES	NO
	9	地域で気軽に相談できる認知症専門医とつきあいがある	YES	NO
	10	成年後見等制度の利用に向けた支援を行なったことがある	YES	NO
利用者の世帯内の多様な課題について	11	地域で特定相談支援事業所とのつきあいがある	YES	NO
	12	訪問・通所等の共生型サービスのしくみを理解できている	YES	NO
	13	家計困窮の利用者ケースを1年で複数担当したことがある	YES	NO
	14	家族の「介護離職防止」に向けた相談を受けたことがある	YES	NO
	15	生活保護のケースワーカーとやりとりをしたことがある	YES	NO
	16	包括からの「困難ケース」の依頼を受けたことがある	YES	NO
	17	家族介護者による虐待ケース支援を手がけたことがある	YES	NO
	18	虐待ケースにおいて地域で相談できる窓口を知っている	YES	NO
	19	利用者家族が障害者というケースを担当したことがある	YES	NO
	20	地域の保健センターの職員とやりとりをしたことがある	YES	NO

※あくまで「これから培っていきたいスキル」の一例です。事業所・地域での研修テーマを設定する際の参考にしてください

「YES」が7個以下のケアマネ ➡ 13個まで増やそう！

ココがPOINT!

- 利用者をめぐる複雑な課題を「ケアマネだけ」で解決するのは不可能。地域の機関との連携を重視
- 新たな認知症支援の資源について情報更新を！

PART 1 基本編 ケアマネの介護保険上の役割

Q 生活課題が複雑化・深刻化するなかで必要なスキルとは？

その人なりに「解決しよう」が生まれている

　人は困難な状況に置かれると、「何とか問題を取り除き、事態を修復しよう」という意識が働きます。そこから打ち出される手段が問題解決につながるかどうかは別としても、本人なりの何らかのアクションが生じるわけです。

　介護に関しても同様です。自分や家族に介護が必要になったとき、「(他者に迷惑をかけたくないから) できることは自分でしよう」、「介護保険を使おう」、「いや、自分の親の介護は自分でしよう」など、さまざまな考え方のもとで、本人や家族なりに「しよう」とする意思が生じるわけです。

セルフケアを支える寄り添いがますます重要

　もちろん、プロの目から見れば、「そのやり方では解決は難しい」というケースも多いでしょう。しかし、単純にNGを出して「こっちのやり方がベスト」と示すだけでは、本人・家族の自尊心を傷つけることになりかねません。

　人は自尊心が傷つけられた瞬間に、自暴自棄になったり、支援者を信頼しなくなったり (支援を拒絶したり) します。そうした状況が、課題の解決をさらに困難にしてしまうことも起こり得るわけです。

　その点を考えたとき、支援者として大切なのは「(その人なりの) セルフケアを尊重し、課題解決に近づけていく」ための道のりの舗装を行うことです。国が強化しようとする自立支援・重度化防止でも、同じことがいえます。

　ケアマネとしては、「何かしなければ」という焦りをぐっと抑え、まずその人の「しようとしている」ビジョンに寄り添うこと。課題が複雑化・困難化すればするほど、この基本に立ち返ることがますます大切になっています。

PART
2

基本編

ケアマネジメントの「入口」に関する実務

自立支援

> 相談支援・インテーク

支援依頼は、どこから
どのようにやってくる？

ケースとの出会いは、制度や時代の移り変わりとともに多様化しています。まず、支援依頼の流れを整理しましょう

典型的なパターンだけでは対応が難しい時代に

　居宅介護支援というと、一般的には以下の流れが頭に浮かぶのではないでしょうか。①要介護認定を受けた利用者（または、その家族）から、②ケアプラン作成とサービス調整の依頼を受け、③利用者と契約してアセスメントをとり、④サービス担当者会議（以下、サ担会議）を通じてケアプランを確定させるという具合です。

　しかし、医療からの流れや利用者をめぐる課題が複雑になる時代において、いろいろなパターンを想定する必要があります。たとえば、スムーズな退院支援の一環として、**医療機関からケアマネジメントの依頼が来るケース**があります。

　また、利用者の状態が十分に安定しないままの退院となれば、要介護認定の結果が出る前に暫定のケアプランによってサービスをスタートさせる必要性も高まるでしょう。こうしたケースでは、入口から医療との連携に予想以上の労力を注ぎこむことも起こり得ます。

包括からの依頼では介護保険外の支援が不可欠なケースも

　さらに、利用者をめぐる生活上の課題が複雑になってくると、入口段階で、さまざまな準備をプラスさせなければなりません。

　たとえば、包括などを経由してのケース依頼においては、家族による虐待、世帯の貧困、ゴミ屋敷をはじめとした住環境をめぐる課題といったように、介護保険外の複合的なニーズが絡んでいることがあります。そうしたケースになると、ケアマネ単独での支援は難しく、**さまざまな機関との連携が前提**となってきます。

　多機関との円滑な連携スキルが、インテーク業務では必要となるわけです。

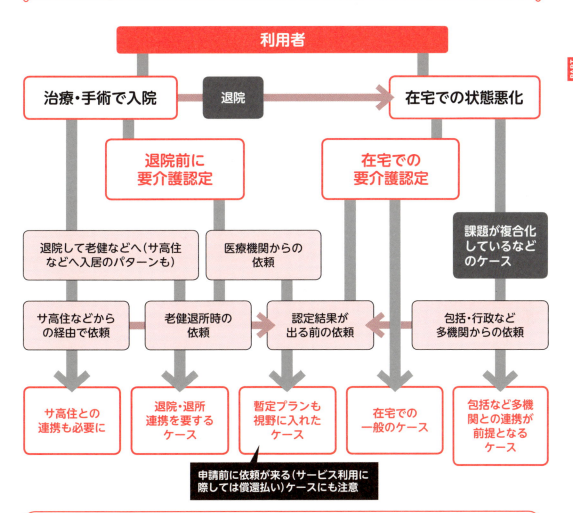

依頼者に安心感を与えよう
認定後に利用者から依頼がきた場合

まずは、もっとも一般的な相談・インテークのパターンをとりあげます。初期段階で必要な対応上の心得は？

初期面談では「プライバシー保護の約束」をしっかりと

　利用者が要介護認定を受けた後、本人・家族から居宅介護支援の依頼が来た場合、直接事業所に依頼してくるわけですから、「自ら進んで制度を利用する」という意欲がそれなりにあると思われます。とはいえ、介護という課題に直面しているわけですから、**相談者側には少なからぬ混乱や困惑があることをしっかり頭に入れましょう。**

　依頼の電話では**「プライバシーが保護される」ことを必ず伝えた**うえ、最初に面談する場所として、利用者宅がいいか、事業所に来てもらうのがよいかを確認します。

電話でも、相談者の「訴えたいこと」をひと通り聞く

　混乱や深刻な悩みを抱えている相談者の場合、依頼電話の段階でさまざまな思いを口にする人もいます。その際に「詳しくは面談したときに」と打ち切ってしまうと、「本当に親身になってくれるのか」という疑念を抱かれやすくなります。

　常に電話用のインテークシートを用意し、まずは**相手の話を「きちんと聞く」ことに徹します。**「話を聞く」だけで、相談者の気分が落ち着き、自身が抱えている悩みを冷静に振り返る機会ともなります。ここから支援は始まっているわけです。

　相談者の話を聞きつつ、相手が「落ち着いた」と感じたタイミングで、利用者宅訪問や来所による相談の日時を決めます。事業所の開所時間・ケアマネの勤務時間が決まっている場合でも、家族が「仕事などでどうしても早い時間に合わせられない」というケースもあります。相談時間の幅をどこまでとるかという事業所内ルールを決めてマニュアル化しておきましょう。

　面談に際しては、ケアマネ側として身だしなみなど第一印象に気を配りましょう。

利用者からの「電話相談」用の記録シート [ダウンロード対応]

電話受付日時　　年　　月　　日　午前・午後　　時	担当者名
相談者指名 （支援を要する本人との関係　　　　　　　）　　　　様	認定結果が出ている場合の要介護度 （認定日　　　　　　）
支援を要する本人の連絡先	
相談者が別居の場合の連絡先	
その他の緊急連絡先	
本人のかかりつけ医等（歯科医師、薬剤師等も含む）	
本人の現在の状況（身体・認知の状況、住居の状況など）	
相談に至るまでの経緯	
相談者の現在の困りごと・訴え	
面談予定日時（もしくは、次回電話等相談の日時）	

- 仕事場や携帯電話など、相談者が連絡をとりやすい手段（あるいは、他の家族の連絡先）を確認しておく
- 人型のイラストで身体状況を視覚化する方法も。服薬情報などもわかればここに記入
- 相手の話す時系列が前後している場合もあるので、矢印などを使って補う。すでに相談している機関（包括など）があれば書き込む
- 相手が混乱している場合でも、話をさえぎらずに耳を傾け、事実をそのまま記す。シートが足らなければ、この部分だけは白紙メモを追加

ココがPOINT!
- 利用者・家族が直接電話してくる場合でも、相手は冷静とは限らない。整理されていない話でも傾聴を
- 面談日時の設定は、相手の立場に立って調整する

PART 2　基本編　ケアマネジメントの「入口」に関する実務

利用者世帯に合ったプラン計画
認定結果の前に依頼がきた場合

「すぐにサービス利用が必要」という意向が強い場合、認定結果が出る前に依頼がくるケースも想定されます

切羽詰まっている状況も想定して早期の暫定プランも

　要介護認定の申請から結果までは、おおむね1カ月近くかかります。一方で、利用者が高齢で状態が悪化しやすかったり、核家族化で介護者に負担がかかりやすい傾向が強まっています。つまり、早め早めの支援が必要なケースが増えているわけです。

　特に、「認定結果前にサービスが必要」という訴えを寄せるというのは、それだけ切羽詰まっていると考えるべきでしょう。場合によっては、暫定プランの必要性も考えなければなりません。

　暫定プランの計画で注意しなければならないのは、**区分支給限度額とのかねあい**です。仮に予想した認定結果よりも軽く出てしまうと、限度額をオーバーした分がすべて利用者の自己負担となってしまいます。家計が厳しい世帯であれば、その後の生活に支障が生じたり、暫定プランを立てたケアマネとの間の信頼も崩れかねません。

　そのため、ケアマネとしては、「サービスを控えめにしたプラン」を立ててしまいがちですが、最低でも「状態の急速な悪化を防ぐ」サービスは整えなければなりません。

認定結果が出る前のケースで押さえたい二つのポイント

　認定結果が出る前のケースを受ける際には、二つの心得が必要です。

　ひとつは、**利用者世帯の家計状況を把握すること**です。もちろん、面と向かって聞けば相手との信頼に溝が生じがちです。そこで、各サービスの1回あたり（福祉用具であればひと月あたり）の価格の目安を示して、「どの程度なら負担できるか」という聞き方をします。もうひとつは、運動機能の低下や持病の悪化などを防ぐうえで、短期的に**優先すべきサービスは何かを絞り込む**ことです。

暫定プランを作成する際にチェックしておきたいこと

① 利用者の要介護度にかかわる状況

- ☐ 利用者の認定調査票の開示請求を行う
- ☐ 上記の開示に時間がかかる場合は、利用者の療養ニーズや運動機能、認知の状況、「している生活」の状況などのアセスメントを進める
- ☐ 事業所内のケース検討で、利用者の要介護度がどの程度になるかを予測
- ☐ 利用者・家族の意向を把握しつつ、特に「している・できている生活」の縮小・低下を防ぐために必要な支援について、優先順位をつけておく

② 利用者世帯の家計にかかわる状況

- ☐ 優先されるサービスを使った場合の1〜3割負担について、「いくらくらいかかるのか」というおおむねの見積もりを提示しておく
- ☐ 上記に対して、利用者・家族から「家計的に負担が厳しい」といった反応がないかどうかをチェックしておく

（1〜3割負担で、すでに「厳しい」という反応が出る場合は、区分支給限度額を超えた場合の全額自己負担は「困難」であることを想定しておく）

③ 区分支給限度額とのかねあいにかかる状況

- ☐ 要介護度と区分支給限度額の関係について、利用者に以下のような図で説明

区分支給限度額	限度額オーバー
1〜3割負担	全額自己負担

- ☐ 上記の説明を行なったうえで、限度額オーバーの発生リスクを避けつつ、短期的に優先されるべきサービスについて、利用者・家族と意見をすり合わせ

ココがPOINT!

- ●限度額オーバーを気にしすぎると、必要なサービスが提供されずに重度化が進む恐れがあることに注意
- ●利用者との折衝マニュアルを整えておきたい

カンファレンスに参加
医療機関などから依頼がきた場合

入院から在宅復帰までのスピードが速まる中、本人の退院前に医療機関などから依頼がくる例も増加傾向に

診療報酬・介護報酬の改定で「送り出し」側の環境も激変

　ここ数回の診療報酬の改定で、入院医療機関は「患者の退院」に向けた早くからの支援に力を入れる必要に迫られています。また、介護老人保健施設（以下、老健）では、2017年の法改正で「在宅復帰機能」が強化され、やはり早期の退所支援が必要となっています。そうしたなかで、医療機関も老健も、患者・利用者のスムーズな在宅復帰に向けて、在宅支援の要となるケアマネとの連携を強めようとしています。本人の入院・入所中から、医療機関などがケアマネとコンタクトをとるケースが増えていくわけです。

医療機関・老健からアセスメント情報を

　依頼してくるのは、医療機関であれば地域医療連携室などの医療ソーシャルワーカー（以下、MSW）や退院支援看護師が多いでしょう。老健であれば、施設ケアマネや相談支援員ということになります。

　そうした機関では、すでに患者・利用者の退院・退所を想定した「在宅側の受入れ環境」のアセスメントを実施している場合もあります（特に、医療機関であれば入退院支援加算を取得している所、老健であれば入所前後訪問指導加算等を取得している所など）。そうした情報を、どこまで提供してもらえるかを問い合わせます。

　事前入手したうえで、実際に医療機関や老健へと足を運び、①（入院・入所中の）本人と面談を行い、②医療機関や老健が開催する退院・退所にかかるカンファレンスに参加します。その前後で（できれば事前に）、家族と利用者宅で面談を行うことがベストです。そこで、自分の目でも在宅環境を確認し、ケアプラン原案を作成します。

退院・退所に向けた医療機関と老健の「事情」をチェック

入院医療機関に発生する報酬

入退院支援加算
❶ 入院早期から、退院調整に向けたスクリーニングや患者・家族との面談、多職種カンファを実施
❷ 退院調整部門の設置や退院支援業務に専従する職員の病棟配置
❸ 居宅ケアマネとの連携実績

介護支援等連携指導料
❶ 患者の入院中から、本人・家族が選択した居宅介護支援事業所のケアマネと、医療機関側の医師（あるいは、医師の指示を受けた看護師、社会福祉士など）が連携
❷ ❶の連携を通じ、ケアマネと医師などが共同で、患者に対して退院後の介護サービス等についての情報を提供する

⬇

地域医療連携室のMSWや退院支援担当看護師などからケース依頼

老健の位置づけと報酬

介護保険法
第8条第28項の改正で、老健の機能として「心身の機能の維持回復」と「居宅生活を営むことができるよう支援すること」を明確にした

退所時指導等
施設側の支援相談員や施設ケアマネなどが、入所者が退所後に生活する居宅を訪問し、本人・家族に療養上の指導を行うなどが評価の基本に

退所前連携加算
❶ 入所者の退所前に、本人・家族の同意を得て、居宅ケアマネとのカンファレンスなどで情報共有
❷ 入所者の診療情報なども、ケアマネに提供する

⬇

老健の支援相談員や施設ケアマネなどからケース依頼

ココがPOINT!
- 医療機関側の診療報酬や介護保険施設の介護報酬などがどうなっているか、調べておくことが必要
- 各機関・施設の担当者と日頃から良好な関係づくりを

多機関との連携をとろう
包括や相談支援事業所からの依頼

複数の支援機関がかかわっているケースにおいて、包括などから居宅介護支援の依頼がくることもあります

特定事業所加算をとっている場合は困難なケース対応も必須に

　利用者をめぐって複数の課題があり、その支援の過程で行政や包括などから依頼がくるパターンもあります。特に**特定事業所加算**をとっている事業所の場合、包括からの支援困難ケースの依頼を受けることが要件となっています。

　何をもって「支援困難」となるのかはさまざまです。すでに複数の支援機関がかかわっているケースもあれば、ケアマネジメントの過程で新たな支援が必要になるケースもあります。

生活困窮や家族に精神疾患があるケースなどでの多機関連携

　いずれにしても、介護・医療にかかわる機関だけでなく、生活支援全般に関係する機関との連携が必要になります。たとえば、利用者をめぐる**世帯の困窮が課題となっている場合、生活困窮者自立支援制度による相談機関（行政直営のほか、NPO法人などに委託されるケースも）との連携**によって解決を目指す流れもあるでしょう。

　また、家族に精神疾患があるというケースも、ケアマネを悩ませがちです。そうしたケースでは、**保健センターの保健師や精神保健福祉士などとの連携**も必要です。

　介護保険以外の機関からの依頼では、それまで障害福祉サービスを使っていた人が、65歳になって一部サービスが（制度上優先される）介護保険に移行するケースがあります。たとえば、障害福祉サービスの調整を手がけていた特定相談支援事業所（以下、相談支援事業所）から、当事者のケアマネジメントが依頼されるケースも想定されます。当事者が安心してサービス利用を継続できるよう、日頃から**相談支援事業所の相談支援員としっかり連携し、情報共有を図っていく**ことが求められます。

障害福祉サービスの利用者が「65歳」になった場合

特定相談支援事業所の相談支援専門員が担当

依頼・連携

65歳未満の障害福祉サービスの利用者

- 右記以外の障害福祉サービス（介護保険サービスに相当する）を利用
- 障害福祉独自のサービス（同行援護、就労移行訓練など）を利用

利用者が65歳になると……

- 原則として介護保険が適用される
- 市町村の判断により、引き続き障害福祉サービスを利用できるケースも
- 引き続き障害福祉独自サービスを利用できる

この部分について、介護保険のケアマネが担当

介護保険だけでは、適切なサービス量が確保できない場合に、障害福祉との併給が行われることも

①共生型サービス（訪問・通所・短期入所生活介護）で、それまでの「なじみの事業者」によるサービスが受けやすくなった
②低所得で障害福祉サービスの費用負担がなかった利用者に対し、介護サービス利用料負担の減免（償還払い）が適用される

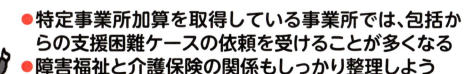

ココがPOINT！
- 特定事業所加算を取得している事業所では、包括からの支援困難ケースの依頼を受けることが多くなる
- 障害福祉と介護保険の関係もしっかり整理しよう

重要な3つの情報

インテークの前後で
どこまで情報を収集？

ケースの入口から、支援に必要な情報収集が始まります。どこから・どんな情報を集めればいいでしょうか？

重要情報❶　利用者の疾患やADL、認知にかかる情報

　重い療養ケースが増え、自立支援に向けたケアマネジメントが重視されるなかでは、利用者の疾患やADL、認知の状況にかかる情報を整理しておくことが大切です。

　あらかじめ利用者から「個人情報の取得・活用」にかかる同意書を得ておけば、「認定調査の内容」について、保険者に開示請求をすることもできます。認定調査の時点から状態が変化していることもありますが、ベースとなる情報にはできます。また、かかりつけ医ともコンタクトをとって、診療情報なども入手しておきます。

重要情報❷　利用者の家族構成や緊急時の連絡先など

　利用者の家族関係については、さまざまな事情から本人や同居家族が「すべては明かさない」こともあります。そのあたりは、本人・家族との信頼関係ができて、アセスメントを進めるうえで補完していきます。むしろインテーク段階では、「サービス開始までに家族・親族との細かい調整も必要」という点を想定すると、緊急時の連絡先をしっかり押さえておくことが望まれます。

重要情報❸　利用者の訴えや意向にかかる情報

　介護が必要になったタイミングでは、本人や家族が「これからどうしたらいいのか」という戸惑いを強く抱えています。そこにある不安や課題整理ができない状態が続くと、混乱はどんどん大きくなり、ケアマネへの要望などが過剰に膨らみかねません。

　本人・家族がとりとめない訴えを続ける場合でも、まずは相手の訴えをしっかり聞くことで「何が問題なのか」に気づき、冷静さを取り戻すきっかけになります。

個人情報取得・使用同意書について ダウンロード対応

支援の入口から多職種・多機関連携がカギとなる中で、利用者やその世帯をめぐるさまざまな情報の共有が欠かせません。その意味で個人情報の取得や使用について、同意を得ることが、その後の実務を進める土台となります。

個人情報取得・使用同意書

私(氏名○○○○、以下同)、およびその家族、親族の個人情報について、以下のとおり取得・使用することに同意します。

記

●取得・使用する目的
- □ 居宅サービス計画に沿って行われるサービス提供やサービス担当者会議に際し、サービス提供事業者と介護支援専門員との連絡調整等において必要な場合
- □ 私の在宅療養・生活をサポートする医療機関、薬局、地域包括支援センター、特定相談支援事業所、その他の関係機関・関係者と連携を図るうえで情報共有が必要となる場合
- □ 私が、自らの意思で施設等入所・入居を行うにともない、その施設等への情報提供が必要となる場合

●取得・使用する事業者・機関の範囲
- □ 私が利用するすべての介護サービス事業者
- □ 私が支援を受けるすべての医療機関、社会福祉にかかる機関
- □ その他(　　　　　　　　　　)

●取得・使用する期間
- □ 居宅介護支援事業所(事業所名○○○○)との契約で定める期間

●取得・使用する際の条件
- □ 個人情報は上記目的以外では使用せず、情報が上記範囲外の者に漏れることのないよう、細心の注意をはらうこと
- □ 個人情報を使用した会議などにおいては、出席者、議事内容を記録しておくこと

株式会社○○○○居宅介護支援事業所御中
○○年○月○日

利用者氏名　　　　　　　　住所　　　　　　　　　印
家族代表者氏名　　　　　　住所　　　　　　　　　印

※本人(氏名○○○○)は心身の状況により署名ができないため、本人の意思を確認のうえ、以下の者が署名を代筆します。

代筆者氏名　　　　　　　　住所　　　　　　　　　印

- 利用者本人だけでなく、家族を含めた世帯情報が必要になるケースも

- 介護サービス事業所以外の多様な機関との連携を想定したものです

- 本人が施設など入居に至った場合の円滑な対応を想定したものです

- たとえば、認知症の利用者に後見人等がついている場合に代筆してもらいます

PART 2 基本編　ケアマネジメントの「入口」に関する実務

インテーク時に書き込む「基本情報シート」 ダウンロード対応

記入日　月　日　　　　　　　　　　　　　　　　　　　　（記入者　　　　　　）

フリガナ		□男 ☑女	要介護度	認定有効期限	認知症の人の日常生活自立度	障害老人自立度
名前	○○○○	79歳	4	○月○日まで	Ⅲa	B₁

> 未定の場合はその旨も

生年月日	□明治　□大正　□昭和　年　月　日	（家族関係マップ）

（夫同居）
○─△
Ⓐ Ⓑ Ⓒ　※Ⓑは同居

住所・連絡先	〒　− 電話　　　　　FAX	

主治医または生活上に関係のある団体名	すでにかかわっている医療・保険・福祉の機関があれば連絡先まですべて記す	家族などの連絡先	Ⓐさんの連絡先 Ⓒさんの連絡先 その他のキーパーソンの連絡先

身体状況　　　　　　　　　　　　　　　サービスを利用するまでの経過

　　　　　　　　　　　　　　　　　　　　　　　年　月
　　　　　　　　　　　　　　　　　　　　○○年○月
※どの部分にどんな持病な　　　　　　　　○○年○月
どがあるかをビジュアル
で記すとわかりやすい

> アセスメント時に多角的な情報を集めることを考えた場合、インテーク段階では「情報源」となる連絡先を広く押さえることが重要

※本人が介護を要するようになるまでの経過を記す

本人・家族の訴え・生活の状況　　　　　　保険・障害者手帳

※本人の日常的な生活状況をタイムスケジュールで記す
※本人の趣味やその他の日課を記す

0：00
睡眠
6：00
朝の散歩
12：00

○介護保険
　被保険者番号
　保険者番号
　利用者負担割合
○年金
　年金の種類
○健康保険
　保険種類
　被保険者名
　被保険者との続柄（　　　）
○公費負担医療　適用　□有　□無
　　　　　　　　）障害者手帳　種　　等

> 医療機関あるいは、障害福祉の相談支援員、包括からの初期情報があれば詳細は「別紙A参照」という具合に

また、「している・できている」生活の姿も、面談で把握できている範囲で記しておく。書ききれない場合は別紙で記し、「別紙B参照」という具合に

初期面談で使いたい「同心円」聞き取りメモ ダウンロード対応

初期面談は、利用者側に「介護サービスが何をしてくれるか」という認識が乏しく、心理的にも混乱しています。まず相手の訴えの整理に重点を置いて聞き取りをします。とりとめもない話などの聞き取りに便利な「同心円」型メモを紹介します。

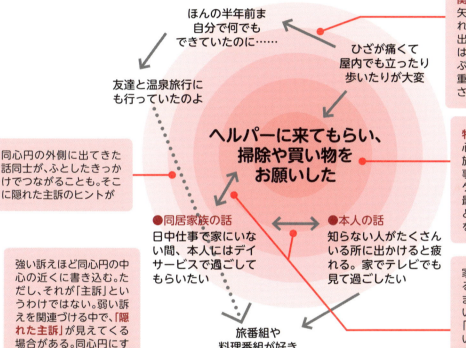

関連のある項目は矢印で結ぶ。話の流れの中で、何気なく出てきた関連話題は点線の矢印で結ぶ（点線の矢印ほど重要なヒントが隠されていることも）

同心円の外側に出てきた話同士が、ふとしたきっかけでつながることも。そこに隠れた主訴のヒントが

特に強い訴えを中心に記入。同居家族がいる場合の家事援助は難しいケースもあるが、最初から「難しい」といわずに、訴えをまず受け止める

強い訴えほど同心円の中心の近くに書き込む。ただし、それが「主訴」というわけではない。弱い訴えを関連づける中で、「**隠れた主訴**」が見えてくる場合がある。同心円にすると、訴えの関係性が見やすく、「隠れた主訴」を発見する手がかりとなる

家族内で相反する訴えでも、そのまま書き込む。書いてみることで、「溝」を作り出している原因が浮かぶことも（この場合、本人も家族も、実は相手を心配している可能性）

ココがPOINT!
- インテーク段階では、その後のアセスメントを進めやすくするため、個人情報の同意書などを確実にとる
- 本人の訴えに耳を傾け、信頼関係を築くことが重要

Q 利用者の要介護認定が更新された場合の対応は？

更新認定の時期などを常に頭に入れておく

　現在担当している利用者について、著しい状態変化などが見込まれた場合には、要介護認定の区分変更申請を考える必要があります。また、認定の有効期間の満了が迫っている場合には、更新認定をうながすことも必要でしょう。

　後者の場合、更新認定の申請は満了の60日前から満了日までに行わなければなりません。現在介護サービスを使っている場合、市区町村から「満了日のお知らせ」が届きますが、ケアマネ側も常に頭に入れておきましょう。

　ちなみに、認定有効期間は市区町村によって設定が異なっています。新規の有効期間は3〜12カ月の間で、更新認定後は最大で36カ月となるケースもあります。「ついうっかり」ということがないように注意しましょう。

更新・変更認定に際してのケアマネジメント

　さて、居宅介護支援の運営基準では、第13条15項で以下のように定めています。それは、利用者が「要介護の更新認定」もしくは「状態区分の変更認定」を受けた場合に、ケアマネが何をすべきかを示したものです。

　具体的には、更新・変更認定に際して、①サ担会議を開催（やむを得ない理由がある場合には、担当者による意見照会）し、②ケアプランの見直しの必要性を検討するというものです。「見直し」が必要となった場合には、改めてアセスメントを行い、ケアプランの更新を行うことが必要です。

　一見「安定している」と思われるケースでも、要介護度が悪化している可能性もあります。ケアマネ一人の見立てではなく、かかわっている多職種と情報共有を図りながら、新たな課題が生じていないかをチェックしましょう。

PART 3

基本編

契約時業務とアセスメント

契約時業務

利用者との契約 どのように進める？

利用者を担当するにあたり、まずは契約上の実務がいろいろと発生します。2018年度の基準改定にも注意を

重要事項にかかる説明を行い、了承のサインをもらう

　インテークで、利用者からの相談や訴えを聞いたうえで、正式に担当ケアマネとしてケアマネジメントに入ります。最初に必要となるのが、契約にかかる一連の実務です。具体的には、ケアマネジメントにかかる**重要事項の説明**を（口頭と重要事項説明書の提示をもって）行い、利用者側から「了承した」という証の署名と印をもらいます。この重要事項の説明に際しては、2018年度改定で新たに説明義務が生じているものもある（次項で解説）ので注意しましょう。

　居宅介護支援では、現状において「利用者の費用負担」は発生しません（ただし、「将来的に費用負担を求める」という議論は進んでいます）。とはいえ、利用者は原則として介護保険料を払っているわけですから、厳密にいえば「利用者は一定の経済的負担をしつつ、サービス（居宅介護支援）を受ける」ことに変わりはありません。

　その意味では、「サービスの対価は発生している」という認識をもって、「利用者に納得してもらいつつ、きちんと契約を結ぶ」という視点を欠かすことはできません。

本人が認知症であっても、当事者ときちんと向かい合うことが大切

　いずれにしても、重要なのは「利用者の納得」が得られるよう、ケアマネジメントにあたっての重要事項をきちんと理解してもらうことです。本人が認知症などで判断力や理解力が衰えている場合、家族や代理人の同席が必要になることもあります。

　とはいえ、**サービスを受ける主体はあくまで「本人」**ですから、当事者の存在を軽んじた対応があってはなりません。きちんと本人と向かい合っているかどうかが、家族を含めた相手側との信頼関係を左右する、ということを忘れないようにします。

利用者から居宅介護支援の依頼を受けたらどうする？

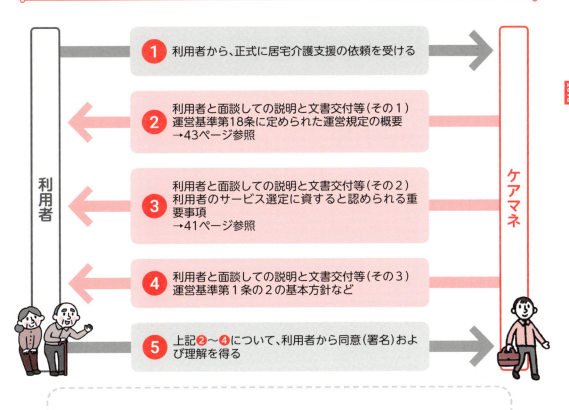

❷〜❹については、文書による交付の代わりに電子機器による文書ファイルなどで提供することも可能です。ただし、こうした状態での文書交付について利用者の承諾を得るとともに、利用者側が文書として出力できる環境が確保されていることが必要です。

ココがPOINT！
- 利用者負担はなくても「対価」は発生している。「利用者の納得」を得られる契約を

契約時業務

2018年度に改定した新たな説明義務とは？

2018年度の運営基準改定により、契約時に必要となる説明義務が追加されました。その改定点をチェックします

入院時に医療機関へ「ケアマネの氏名等を伝える」ことを依頼

　まず追加されたのは、利用者の入退院を想定した対医療連携にかかわる項目です。具体的には、利用者が入院することになった場合、「入院先の医療機関に担当ケアマネの氏名や連絡先を伝えてもらう」ことを利用者・家族にお願いしておくというものです。この「伝達」をきちんと行ってもらうには、担当ケアマネの氏名や連絡先について、普段から介護保険証や健康保険証、お薬手帳などとともに「（同じファイルなどに）保管しておいてほしい」といった要望も伝えることが望ましいでしょう。

複数の事業者紹介と事業者選定の理由説明を求めることができる

　次に、利用者による「主体的なサービス選択」を尊重するという視点からの改定です。具体的には、以下の2点を利用者に伝えることが義務づけられました。

　ひとつは、「ケアマネに対して**複数のサービス事業者の紹介を求めることができる**」ということ。二つめは、プラン原案の提示にあたって、「なぜその事業者をプランに位置づけたのか、という**選定理由の説明を求めることができる**」ということです。この二つの申し出があった場合、ケアマネは誠実に対応しなければなりません。

　上記の基準が定められた背景には、一部の業者による「利用者の囲い込み」が問題になったという事情があります。たとえば、利用者が居宅介護サービスも運営するサービス付き高齢者向け住宅（以下、サ高住）に入居していたとします。そこで運営会社が自社のサービス利用を強要するなど、いわゆる「囲い込み」が問題となっていました。こうした利用者の主体的な選択権を侵すケースへの対応策というわけです。

2018年度改定で新設されたケアマネの説明義務

❶ 利用者が入院した場合に「してもらう」ことのお願い

ケアマネ

もし入院することになった場合には、**私（担当ケアマネ）の氏名と連絡先**を伝えてください。そのために、私の連絡先を介護保険証やお薬手帳などと一緒に保管していただくとありがたいです

入院医療機関との早期からの情報共有を進めることで、利用者の円滑な退院の支援に資することを目的としたものです

❷ 複数のサービス事業所の紹介についての説明

ケアマネ

〇〇様（利用者）は、私（担当ケアマネ）に対して、**複数のサービス事業者の紹介**を求めることができます

利用者が「理解した」ことを証明する署名をもらう

❸ ケアプラン原案に位置づけたサービス事業所についての説明

ケアマネ

〇〇様（利用者）は、私（担当ケアマネ）に対して、「ケアプラン原案に**なぜそのサービス事業所を選んだか**」という理由を尋ねることができます

②と同じく署名をもらう

❷、❸を怠った場合

所定単位数から50％減となる50％の運営基準減算が適用されます（同じ状態が2カ月以上続いた場合は報酬ゼロ）。当然ながら、利用者から②、③の求めがあった場合には、誠実に説明責任を果たさなければなりません。特に③については、日ごろから「どのように説明するか」というシミュレーションを事業所内でしておきましょう。

契約時業務

重要事項説明書に記すべきことは？

前項で示した説明義務も加えたうえで、「重要事項説明書」に記すべき項目を整理・確認しておきましょう

居宅介護支援の目的や方針、プラン作成までの流れなどを示す

　介護保険のしくみに詳しくない人にとって、「そもそも居宅介護支援とは何か。何をしてくれるサービスなのか」は理解しづらいものです。そこで重要事項説明書では、運営基準第18条で定めている**「運営規定」を記す**ことがまず必要となります。

　ポイントとなるのは、「事業の目的および運営の方針」と「居宅介護支援の提供方法」です。前者は、日本介護支援専門員協会が示したひな型を参考にしてください（次ページ参照）。後者については、ケアプラン作成に必要となる情報収集の方法やアセスメントの手法（どのようなツールを使っているか、など）を具体的に示します。

　自事業所が特定事業所加算などをとっている場合、その加算内容も利用者が理解できるように記します。たとえば、加算要件なども示しつつ、「その加算をとっている事業所にはどのような特徴があるのか」がわかるようにしたいものです。

利用者が抱えるさまざまな不安を解消するために必要なこと

　利用者は（特に初めて介護保険を使うなどの場合では）さまざまな不安を抱えています。その不安をできるだけ払拭するために、「居宅介護支援を受けるうえで、利用者の権利はどのように保障されているか」という点を明らかにする必要があります。

　たとえば、苦情や事故が発生した場合の対応、個人情報の保護にかかるルール、前項で示した「利用者の主体的な選択権」についての事項など。これらを一つひとつ明らかにすることで、**利用者側の不安を解消し、信頼関係の構築を図る**ことが大切です。

重要事項説明書には何を記せばいいのか？

- 運営基準第18条に定められた**運営規定の概要**
- 利用料金、加算・減算の内容、その他交通費などの**実費**
  （実費以外の部分については、利用者負担が発生しないことも明記）
- 利用者からの**相談・苦情**に対応する窓口、苦情処理にかかる対応方針
  （外部の苦情相談窓口などの情報も記しておくことが望ましい）
- 事故発生時や緊急時の対応
- 前項（40ページ）で示した「新たに生じた説明義務」

記すべき運営規定の概要とは？

- ・事業の目的および運営の方針
- ・職員の職種、員数および職務内容
- ・営業日および営業時間
- ・指定居宅介護支援の提供方法
- ・通常の事業の実施地域
- ・その他運営に関する重要事項

目的や方針の例：日本介護支援専門員協会が示しているひな型より

　要介護状態にある利用者に対し、適切な居宅介護支援サービスを提供することを目的とします。
　その運営に際しては、利用者の居宅を訪問し、要介護者の有する能力や提供を受けている指定居宅サービス、また、そのおかれている環境等の課題分析を通じて、自立した日常生活を営むことが出来るように「居宅サービス計画」等の作成および変更をします。
　また、関係市町村や地域包括支援センターおよび地域の保健・医療・福祉サービスと綿密な連携および連絡調整を行い、サービス担当者会議等の開催を通じて実施状況の把握に努めます。

提供方法の例：アセスメントの手法について
1. 事業所が使用しているアセスメントツールは何か
2. 1を使って、どのようにアセスメントを進めるのか？
3. なぜ1を使っているか、具体的な進め方は？

PART 3 基本編　契約時業務とアセスメント

契約時業務

利用者への説明で
特に注意したい点

利用者の多くは専門知識をもっていません。「わかったはず」と安易に思い込まず、相手の立場に立ちましょう

利用者になった「つもり」で重要事項説明書を読んでみる

　重要事項を利用者に説明する際、説明書をそのまま読み上げるだけでは、専門知識に乏しい利用者の中には「意味が十分に理解できない」という人もいます。

　説明にのぞむ前に、まずは、以下のことを心がけましょう。

　①専門職としての知識をいったん頭から取り除き、利用者になったつもりで重要事項説明書を読んでみます。②「ここは（一般人である）利用者にはわかりにくいかも」と思われる部分にマーカーやアンダーラインをひきます。③②の部分で**「もっとわかりやすい表現ができないか」**を考えます。

　「利用者に一番知ってもらいたい点」、かつ「特にわかりにくい部分」としては、ケアマネジメントの流れが挙げられます。この説明に際しては、「流れ」を示した図などを作っておき、それを示しながら説明するといいでしょう。

　たとえば、図を指し示しながら、「今度はこの部分について説明します」という具合に進めます。他の部分でも図示ができないか、工夫を重ねてみたいものです。

相手が集中力を持続できるかどうか、しっかりと観察を

　利用者の中には、体調面の不安などから集中力の持続が難しい人もいます。この場合においては、**説明を短いセンテンスで区切り**つつ、「相手の体調等はどうか、疲れていないか」をしっかり観察します。そのつど**「質問がないか**どうか」も確認します。**「疲れて集中力が続かない」**といった状況が見られたら小休止を入れます。場合によっては、「続きは日を改めて」くらいの気持ちが大切です。非効率と思われるかもしれませんが、理解不足から混乱が生じれば、かえって効率を下げることになります。

利用者への説明・重要事項説明書の交付で注意したい点 ダウンロード対応

説明前の準備
- ☐ 重要事項説明書を利用者に交付する前に読んでいますか？
- ☐ 「わかりにくい」と思われる点についての補足説明を心掛けていますか？
- ☐ 「わかりにくい」点について、補足説明の図などを用意していますか？
- ☐ 事業所内で、定期的に重要事項説明書の「朗読会」を行っていますか？
- ☐ 2018年度の改定で追加された説明義務が、説明書に反映されていますか？

利用者への説明・交付に際して
- ☐ 重要事項説明書は、説明用と利用者の保管用の2部を用意していますか？
- ☐ 保管用については「電子データでも提供できること」を伝えていますか？
- ☐ 重要事項説明が「なぜ必要なのか」という前説明をきちんと行っていますか？
- ☐ 項目ごとに「ここでは何を説明するか」をわかりやすく補足していますか？
- ☐ ひとつの項目を説明したら、そのたびに「質問がないか」を確認していますか？
- ☐ 説明中に利用者が疲れたり、集中力が途切れていないか確認していますか？

利用者の同意署名について
- ☐ 重要事項説明書に同意署名をもらうことを事前に告げていますか？
- ☐ 署名をもらう前に「ご納得いただけたか」を再度確認していますか？
- ☐ 本人の自筆署名が難しい場合の代理署名をする人を確認していますか？
- ☐ 「納得していただけない」場合の対応を事業所として決めていますか？

補足説明の図について（ケアプラン作成過程の例）

○○様の自立生活に向けて何が課題となっているかを分析 → ケアプラン原案を立ててサービス担当者会議を開催 → 最終的に、○○様にプランをチェックしていただき正式発効

アセスメントの進め方
アセスメントはどのように進める？

重要事項に対する承諾を得たら、ケアプラン作成に必要なアセスメントに入ります。まず流れを整理します

利用者の生活上の意向と課題を把握する工程がアセスメント

　ケアプランを作成するうえでは、①利用者の生活上の意向はどこにあるのか、②①を達成していくために解決すべき課題はどこにあるのか、を知ることが必要です。そこを把握したら、②の課題を解決するための道筋（長期・短期の目標）をつけていくという流れになります。

　上記の①と②を把握するための工程が、アセスメントとなります。具体的には、さまざまな手段を通じて、利用者にかかる情報を幅広く集めることが必要です。

思い込みや主観に流されず、事実をていねいに積み重ねる

　情報収集の「手段」を大きく分けると、①利用者本人や家族等と面談しながらの**ヒアリング**、②利用者の生活状況にかかる**実地調査**、③利用者にかかわる多職種・多機関からの**情報入手**となります。ここからもわかるとおり、「1回の作業で済む」という性格のものではありません。また、多様なツールやスキルが必要な場合もあります。

　いずれにしても、ケアマネ自身が頭や身体を働かせながら、思い込みや主観に流されることなく、事実を一つひとつていねいに積み重ねていくことが必要です。

　このような情報は、人から人へと伝達されるものです。当然ながら、そこには「情報を受け取るための気遣いやマナー、ルール」を欠かすことはできません。利用者・家族のみならず、多職種・多機関から情報を得る場合でも同様です。

　その意味では、アセスメントこそ、コミュニケーション等の対人スキルが重要になります。この場合の「対人スキル」とは、その場の対応力もさることながら（相手との信頼関係の構築など）**事前の準備をいかに整えるか**という点もポイントになります。

アセスメントはどのように進めるか？

1 事前に利用者から個人情報使用の同意署名をもらう
（要介護・要支援認定時資料の代理取得の同意署名も）

2 1の同意書をもって、医療機関や保険者、包括から利用者についての必要な情報を取得する

- 医療機関等からの疾患・療養・服薬にかかる情報
- 保険者からの要介護・要支援認定にかかる資料
- その他、包括や障害福祉サービスにかかる機関からの情報

3 2の情報を整理したうえで、利用者や家族と面談（2の情報取得が遅れる場合は、先に面談することも）

利用者・家族との面談によるアセスメント
① 2の情報について利用者からの話や実地で確認
② 本人・家族の「生活上の意向」についてヒアリング
③ 利用者の生活環境などについてヒアリングや実地で確認

4 集積したアセスメント情報を整理して自立支援に向けた課題を分析し、目標を設定

> 必要に応じて、利用者や家族に確認を行う（相手の負担にならないように気を配る）

> アセスメント
主治医などから
事前に情報を得る

利用者のADLや認知・疾病の状況については、主治医等から土台となる情報を事前に得ることが必要です

署名をもらった「個人情報使用」の同意書が意味をもつ

　利用者が直面している課題を知るには、本人の心身の状態について、正しく把握しておくことがまず必要です。つまり、ADLやIADLに関する情報、疾患や服薬にかかる医療情報です。これらの情報は、それぞれに関係する機関から得ることになります。

　そのためにも、33ページで述べた「個人情報使用」の同意書が重要になります。利用者から同意署名をもらったうえで、各機関に提示しながら情報提供を受けます。

要介護（要支援）認定時の資料について開示請求を

　利用者のADLやIADLにかかる情報については、保険者（市区町村）に対して、**要介護（要支援）認定時の資料**（認定調査資料等）の開示を求めることができます。

　開示請求できるのは原則として本人や家族ですが、担当ケアマネであることを証明できるもの（介護支援専門員証の写し）や委任状があれば、ケアマネでも請求は可能です。なお、要介護（要支援）認定時に、代理取得の同意署名があれば委任状は必要ありません。開示請求書は保険者に出向いて入手するか、HPからダウンロードします。

　また利用者の主治医から情報を得るには、以下の流れで行います。①利用者の主治医を確認し、②その主治医に対して「利用者の担当ケアマネとなった」旨を告げて、③診療情報の提供を依頼します。

　一定規模以上の病院であれば、地域医療連携室のMSWなどにコンタクトをとることでスムーズな情報のやりとりができます。地域の診療所などについては、あらかじめ事業所として把握したうえで、多職種共同研修などの場で面識をもっておくといいでしょう。また、利用者のかかりつけ薬局とも日ごろからの連携を進めておきます。

要介護(要支援)認定の資料請求について

以下のような開示請求書を、保険者のHPからダウンロード(もしくは介護保険担当窓口で入手)し、必要書類を添えて申請します。

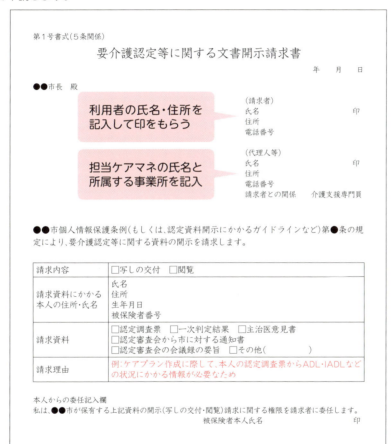

アセスメント
包括やそのほかの機関から情報を得る

利用者には、すでにさまざまな社会資源がかかわっている場合も。多機関からの情報を集めて支援経過を明らかにします

社会資源とのかかわりも「してきた生活」の大切な一部分

　利用者や家族は、医療機関以外にもさまざまな社会資源とかかわっていることがあります。典型的なのは、利用者が障害福祉サービスを受けていて、65歳になったことで「介護保険の適用」に至ったというケース。この場合、それまで担当していた**障害福祉の相談支援専門員からの情報**が、アセスメント上で重要になってきます。

　なぜなら、そうした社会資源とのかかわりも「その人のしてきた生活」を形成しているからです。本人の自立支援に向けては、生活の継続も大きなポイントとなります。

すでに本人が介護保険制度とかかわってきたケースも

　利用者が、介護保険制度とすでにかかわってきたケースもあります。

　たとえば、以前に要介護（要支援）認定を受けて、「自立」と判定されていたとします。そこで重度化予防のために、**介護予防・日常生活支援総合事業（以下、総合事業）**を使っていれば、介護保険の財源によるサービスがかかわっていたことになります。

　当然、そこでは包括による予防マネジメントが行われています。つまり、担当していた包括に連絡をとることで、その段階での支援経過が明らかになるわけです。

　そのほか、本人や家族に**精神疾患の既往歴**がある場合、地域の保健センターや市区町村で状況を把握していることもあります。精神疾患がある利用者や家族の支援については、ケアマネに大きな負担がかかりがちです。早期に精神保健にかかる専門職との共同支援を図ることが、ケアマネジメントを円滑に進めるカギとなるでしょう。いずれにしても、幅広い視野をもって社会資源とのかかわりの有無をチェックします。

利用者が介護保険を使うに至った「経緯」の情報を集める

利用者が過去・現在で通院していた場合	利用者が障害福祉サービスを利用していた場合	利用者が介護予防給付や総合事業を利用の場合	利用者や家族に精神保健機関の利用がある場合
↓	↓	↓	↓
主治医などに対して、利用者の診療・服薬にかかる情報を求める	担当の**相談支援専門員**や**サービス事業所**に情報を求める	予防マネジメント等を担当していた**包括**に情報を求める	担当の**精神保健センター**に情報を求め、連携を模索する

↓

通院歴・利用歴を時系列で整理する

> ここで課題や目標（通院やサービス利用の再開など）が明らかになってくることもある

↓

通院や利用が途絶えている場合、それはなぜか（予後の状態改善などで「必要なくなったから」か？ 家計状況や移住など、その他の理由で「途絶えざるをえなくなったから」か？）について、（本人・家族の了承を得ながら）背景を探っていく

ココがPOINT！

- 利用者は、介護保険外で社会資源を活用していることも。その詳細を知ることで「してきた生活」を明らかに
- 情報取得に際しては、逐一本人・家族の了承を得よう

> アセスメント

本人や家族との面談による情報収集

さまざまな機関から事前情報を入手したら、それを土台としながら利用者や家族との面談にのぞみます

事前情報に振り回されると、事実をゆがめてしまう危険も

　多機関からの情報を入手したら（あるいは、その情報収集と並行して）、利用者および家族との面談によるアセスメントを行います。面談に際しては、事前に「何の目的で、どのようなことをお聞きすることになるのか」をきちんと伝えておきましょう。

　注意したいのは、すでに事前情報が手元にある場合、つい先回りして「こういう課題があるはず」と思い込んでしまうこと。こうした**先入観**があると、利用者から出てくる重要な情報を聞き逃して、**事実をゆがめて**受け取ってしまう危険が生じます。

生活歴に耳を傾けつつ「してきた生活の姿」を具体化する

　利用者や家族との面談で、もっとも重要になるのは「生活にかかる意向」です。もっとも、「これからどのような生活をおくりたいですか？」などといきなり聞かれても、本人や家族にはピンとこないこともあるでしょう。

　そこで、まずは本人の生活歴をきちんと聞きながら、そこに「これからも継続していきたい生活の姿があるかどうか」を確認することです。これまで「してきた生活」の姿を、利用者と一緒にイメージ化する作業を通じる中で、生活の意向も具体化していきます。

　本人と家族、その他の親族など複数の人が同席している場合、「発言力の強い人」の訴えばかりが前面に出てしまうことがあります。大切なのは、あくまで**「本人がどうしたいのか」**であり、これが隠れてしまうと意向の把握もうまくいかなくなります。

　そこで、本人や「発言力は弱いがキーパーソンとなっている家族」にも声をかけながら、少しずつでいいので「本当の意向はどこにあるか」を引き出していきます。

利用者・家族と面談アセスメントの流れ

面談の流れ	伝え方の例

ヒアリング内容と目的の説明
どんなことをヒアリングするのか、なぜその情報が必要なのかを、事前に説明する

●●様が「どんな生活の実現・再現に向けて頑張っていきたい」と考えておられるかを理解することでプランの目標が立てやすくなります。そのために、●●様の「これまでの生活の様子」を差し支えない範囲でお聞きしたいと思います

↓

今の状況の確認
事前情報を得てから時間がたっていて、「今の状況を知りたい」場合にのみ確認

「おつらかったですね。今はもうだいぶよろしいのでしょうか」

すでに認定調査員などから「聞かれていること」を、もう一度話すのは、本人・家族にとっては大きな負担になることを考慮します

↓

訴えに耳を傾ける
本人や家族から「こうしたい」「これに困っている」という訴えが積極的に出ている場合は、話を遮らずに耳を傾ける

事前情報などで「さすがにこういう生活は無理だろう」といった先入観をもつと、本人の「しようとしている」ことの可能性を見逃してしまいます。事前情報は頭に入れつつも、それに「振り回されない」ことが大切です

- 付き合い始めたばかりの人に「根ほり葉ほり聞かれる」のは、本人・家族には心理的にも大きな負担となる
- 本人の発言力が弱くても、しっかり本人と向き合う

ココがPOINT!

アセスメント
生活の状況を実地でチェック

専門機関や利用者からの伝聞だけでアセスメントは完結しません。生活の場を見る中で得られる情報にも着目しよう

本人のちょっとした「動作」の中に自立のヒントが

　利用者との面談機会で大切になるのは、相手の話を聞くことだけでありません。本人が実際に「している生活」を目の当たりにしたり、どのような環境で生活しているのかをチェックしたりすることも、アセスメント上の大切な作業となります。

　たとえば、利用者の**ちょっとした動作**の中に、**「できないこと」を補うための本人なりの工夫**がなされていることがあります（例：立位歩行はできなくても、ひざをつきながら移動するなど）。そうした場面に自立に向けたヒントが隠れています。

生活環境を見ることで、意向の把握を補えることも

　生活環境は、その人が築いてきた「生活の証」でもあります。つまり、家屋内の環境にきちんと目を配ることは、「してきた生活」の姿とともに「（自分なりに）しようとしている生活」の意向を把握することにつながり、アセスメントには欠かせません。

　もちろん、家の中を他人にじろじろ見られるのは、本人・家族には気持ちいいものではありません。**「なぜ、その部分をチェックしたいのか」という趣旨**（例：入浴の自立に向けてどのような環境改善が必要かを確認したいので、お風呂場を見せてくださいなど）をきちんと伝えたうえで一つひとつ許可を得るようにします。

　また、家の中では、**匂いや音など五感で感じられる情報**もたくさんあります。あえて「見せてもらう」以外にも、アセスメントできるチャンスはあるわけです。

　仮に本人が入院中で面談が病院内という場合には、家族などの同席によって「家の中を見せてもらう」ことができないかどうかもお願いしてみましょう。

利用者の生活を「実地」でチェックする

筆記板と白紙を用意し、そこに屋内の見取り図を書く

本人の屋内での動線はどうなっているか、その移動に際して「妨げとなる環境要因」などがないかどうか。さらに、本人なりに「生活しやすい」ように工夫している姿はないか（例：立ち上がりや歩行時に手がかりとなる台を設置しているなど）

本人が日常生活の中で、一番過ごす時間が多い場所はどこか？そこで何をしているのか（例：テレビを見ている、食事をしているなど）という、「している生活」の姿を描いてみる

調理や洗濯、身の回りの整理整頓など、本人なりに「役割」を果たそうとしている姿はあるかどうか（例：着替えた衣類を自分でたたんでいるなど）。その場合の「妨げとなる環境要因」はないか？

本人が「屋外に出る（庭に出るという程度でもOK）」という姿はないか（例：玄関先の郵便受けまで郵便を取りに行くなど）。その目的は何か。その「妨げとなる環境要因」はないか。他者との交流はあるか

- 利用者の「している生活」について話を聞いたら、本人・家族の了解を得て、生活「環境」をチェックする
- 面談中の「動き」の中にも生活の意思が現れることも

アセスメント
アセスメント情報をどうまとめるか？

幅広くアセスメント情報を集めたら、シート上に整理します。プラン作成を見すえた整理法を心がけます

蓄積された情報の中から「課題」を発見するために

　アセスメントで得られた情報をただ積み重ねていくだけでは、「その人の支援にとって何が大切なのか」という本筋はなかなか見えてきません。

　アセスメントはあくまで、その人の自立支援を進めるための材料です。その材料の中から課題を見つけ出し、解決の糸口を探すことが真の目的のはず。そのためには、課題を発見しやすいような形で情報を整理していくことが必要です。

複数の情報を「点」で見ずに「面」でとらえる訓練を

　一つひとつの情報は、一見バラバラに見えて、実は関連しあっている部分もあります。いわば、パズルのピースを組み合わせると「絵」が浮かび上がるような感じです。

　そこで、複数の情報を「点」で見るのではなく、「面」でとらえていく習慣を身につけましょう。たとえば、本人なりに「しようとしている生活の姿」を書き出したら、そこに「影響を与えているもの」の情報を転記していきます。付箋などに個別の情報を記し、「生活の姿」の周囲に貼っていく方法も考えられます。

　上記のような作業は、確かに面倒かもしれません。しかし、課題分析に向けた思考を鍛えていくうえでは有効です。こうした作業を通じて、一見関係ない情報同士が深く関連していると気づくことがあります。たとえば、本人に「メモをとる」という生活習慣があるとします。これは「認知症の進行による生活のしづらさを補っている」という面もありますが、「手指を動かして拘縮を緩和したい」というもうひとつの意思の現れということも。こうした思考を鍛えれば、利用者本人にとって「何が大切なのか」に共感する力が鍛えられます。

アセスメント情報整理のポイント① ダウンロード対応

本人の生活状況

本人や家族の「どういう生活を望むか」という訴えとすり合わせつつ、表に出ない「生活への意向」も浮かび上がらせていく

- ☐ 要介護になった前後で、生活状況はどのように変化したか？
- ☐ 生活状況の変化で、本人なりに工夫し「継続しよう」としている生活状況は？
- ☐ 要介護になっても、以前と同じく「できている」生活状況は？
- ☐ 「かつてしていた生活」で、要介護前から「しなくなっている」ものは？
- ☐ 本人なりの社会参加や家庭内での役割を果たしている生活状況は？

本人の健康や服薬の状況

そのほか、口腔や栄養状態、皮膚や清潔の状況などで、特に生活に影響を与えると思われるものもチェック

- ☐ 既往歴の中で、現在の「している生活」に影響を与えているものは？
- ☐ 既往歴の中で、重篤な急変などが懸念されるものは？
- ☐ 定期診療（訪問、通院問わず）をきちんと受けられる環境にあるか？
- ☐ 服薬の中で、現在の「している生活」に影響を与えているものは？
- ☐ 服薬は（処方どおりに）なされているか？　なされていない場合のリスクは？

本人のADL・IADLの状況

認定調査の段階から、さらに悪化しているなど「変化」が大きい部分については特に注意が必要

- ☐ 「要介助」の中で、リハビリ等によって改善が期待できるものは？
- ☐ 「要介助」の中で、「している生活」への影響が大きいものは？
- ☐ 「要介助」の中で、福祉用具・住宅改修で「自立」に近づけられるものは？
- ☐ 「自立している行為」の中で、そのままだと重度化が予想されるものは？
- ☐ 重度化すると、「している生活」のあり方にどのような影響が生じるか？

PART 3 基本編　契約時業務とアセスメント

アセスメント情報整理のポイント② ダウンロード対応

本人の認知・コミュニケーション等の状況

本人の「生活のしづらさ」に心を寄せることが大切
- ☐ 認知症の中核症状の診断に比べて、BPSDの悪化が特に目立つ部分は？
- ☐ BPSDの悪化をもたらしていると思われる生活環境上の要因は？
- ☐ 認知症が進んでも、本人なりに「できている・しようとしている」生活は？
- ☐ 周囲とコミュニケーションがとりにくくなることで、特に困っている点は？
- ☐ 本人の認知症に対する周囲の人の理解やサポートの状況は？

家族の介護力や生活環境など

家族・親族のセルフケアがどのように進んでいるかに着目を
- ☐ 家族が介護を続けるうえで支障となる状況（仕事や健康など）は？
- ☐ 本人の介護について、冷静かつ客観的に判断できる家族・親族は？
- ☐ 本人の介護に対する家族・親族のそれぞれの役割分担はどうなっている？
- ☐ 本人の「している・できている生活」に影響を与えそうな家屋環境は？
- ☐ 本人の生活習慣の中で、特にかかわりが深くなる環境要因は？

> 知っておきたい！

Q 情報収集や支援経過のなかで「変化」することも

キーパーソンは変化する可能性がある

　同居家族がキーパーソンとは限らない、本人の介護の方針については離れて暮らす家族の方が実は権限が大きい――ケアマネであれば、そうしたケースに出会うことも多いでしょう。特に注意したいのは、アセスメントのための情報収集や支援経過の中で「キーパーソンが変化することもある」という点です。

　たとえば、同居家族との関係の中で、本人の「している生活」（例：その家族のために食事を作る、一緒に出かけるなど）があるとします。この場合、本人は、その「生活の維持・継続」に明らかな意向を示すことが多いでしょう。

さまざまな可能性を頭に入れながら家族図作成を

　ところが、離れて暮らす家族の方が「本人の生活歴」をよく把握していて、「その生活歴」のなかに（意外に強い）別の意向が隠れていることもあります。

　また、支援経過の中で「同居家族に負担をかけたくないので、サ高住などに住み替えたい」という意向が高まる可能性もあります（同居家族が本人との間で共依存の関係に陥りやすいとすれば、客観的に見て「住み替え」が家族関係の健全な再構築を図るうえで必要になることもあります）。

　その際、住み替えに必要な費用など、本人の資産にかかる権限は「離れて暮らす家族」にあるとします。そうなれば、その時点でキーパーソンをどちらの家族にもってくるかということを検討する必要もあるでしょう。

　ケアマネとしては、ジェノグラム（家族図）を作成する際に、必要に応じて他の家族ともコンタクトをとりながら、「キーパーソンが変化する可能性はないか」を常に頭に入れておくようにしたいものです。

課題分析をかけながらアセスメント情報をまとめていく

利用者の氏名	生年月日	年齢	性別
山下○○	昭和○年○月○日生	○歳	女性

要介護度・認定日	認知症日常生活自立度	障害高齢者日常生活自立度
3（○年○月○日現在）	Ⅱb	B1

本人の「している生活」 ※ADLなどが低下している場合でも、たとえば「身の回りの整頓」など、本人なりに「していること」の姿を描き出す	標準的な生活のタイムスケジュール
「している生活」が日常のタイムスケジュールの中でどう反映されているか。本人の中で「強い意思をもって習慣化しているもの」を見つけ出す	

本人の生活歴 （要介護前に「していた生活」）	本人・家族の生活にかかる意向 （本人）
現在の「している生活」が、かつて「していた生活」とどのように関連しているか。「していた生活を再現したい」という思いが部分的でも「している生活に反映されている」など、「その人らしさ」の象徴となる姿が見えてくる	（家族） 「その人らしさ」の象徴となる姿を「取り戻したい」という意向が隠れていないか、「訴え」の中から探り出す

療養上の課題

本人の既往歴	現在の通院・診療の状況
その人らしさの象徴となる「している生活」を続けるうえで支障となる疾患はないか？	支障を取り除くための通院・診療と位置づけた場合、それができているかどうか

現在の服薬状況	皮膚や口腔、その他の状況
生活上の支障を取り除くための服薬管理と位置づけた場合、それができているかどうか	今の健康状態を悪化させるリスクはないかどうか

本人のADL状況	本人のIADLの状況

💬 実現のために必要なことは？

その人らしさの象徴となる「している生活」を続けるうえで、どの部分のADLの維持・改善・補完（介助や環境整備）が必要か？

その人らしさの象徴となる「している生活」を続けるうえで、どの部分のIADLの維持・改善・補完（介助や環境整備）が必要か？

本人の認知・コミュニケーション等の状況

● ADL・IADL上の課題、認知・コミュニケーションにかかる課題

家族構成 ※ジェノグラムによって家族の全体像と個々の家族の関係性を描く	家族の緊急連絡先

どんなケースで、どの家族に優先的に連絡を入れるかを頭に入れつつ連絡先を記す

家族の介護力

本人の「してきた生活」の再現、もしくは本人の「している生活」の維持・改善に向けて、それぞれの家族が「していること・やってあげたいこと」を記す。同時に、「やりたいけど、できない」という支障の要因（仕事や健康状態など）も記す。家族が自ら「本人との関係をよりよいものにしたい」というセルフケアの視点に立って記す

● 家族の介護力にかかる課題

本人の生活環境
※55ページで記した「屋内の見取り図」から本人が「している生活」の中で「支え」となっているもの、「支障」となっている部分を整理して記す

● 生活環境にかかる課題

PART 3 基本編　契約時業務とアセスメント

> 知っておきたい！

Q 居宅介護支援に利用者の自己負担が導入されるの？

財務省の建議で再浮上した利用者負担導入論

　財務省の財政制度等審議会が、社会保障財政に関する建議のなかで、居宅介護支援におけるケアマネジメントに「利用者負担」を設けることを提案しています。これによって、「利用者からケアマネ業務の質へのチェック」を働きやすくするというのが狙いのひとつです。また、介護保険施設などでのケアマネジメントは、基本サービス費の一部として「利用者負担が存在している」ことも、利用者負担の導入を進めるうえで大きな根拠と位置づけています。

　次の介護保険制度の見直しは2021年度が予定されていますが、この財務省による建議が制度見直しの議論にも大きな影響を与えそうです。

何度も見送られてきたが、2021年度からは？

　もっとも、居宅介護支援に利用者負担を導入するという議論は、今に始まったわけではありません。過去の制度見直しでも、たびたび「利用者負担導入」は論点として上がってきました。しかしながら、厚労省の審議会などでは、「介護保険利用の入口である居宅介護支援に利用者負担を導入すると、介護保険が本当に必要な人の利用を抑制しかねない」といった反対論が主流を占め、今に至るまで「利用者負担導入」は見送られています。では、次の見直しではどうなるのでしょうか。居宅介護支援以外のサービスでは、一定以上所得者について、ここ2回の制度見直しで2割、3割負担が導入されています。この利用者に負担増を求める流れが、いよいよ居宅介護支援にも及ぶ可能性は高いといえます。利用者負担が導入された場合のケアマネ実務がどうなるのか。事業所としてもシミュレーションを立てる必要がありそうです。

PART 4

基本編

ケアプランの作成

ケアプラン作成
1～3表の記入手順をすっきり整理

ケアマネがもっとも悩みがちな「1～3表」。どのような手順で記入していけばいいのかをまず整理します

利用者が「自分のもの」と認識できるプラン作成を目指す

　ケアプランは「サービス提供側のための計画」ではありません。あくまで 利用者自身が自立生活に向けてどう歩んでいくか を記したものです。
　ですから、利用者の「思考の流れ」にフィットするように記していく必要があります。それができれば、利用者は「このプランは自分のもの」と納得し、「このプランに沿って自分も頑張ろう」という決意がわいてきます。つまり、ケアプランそのものが、利用者のための支援ツールとなるわけです。この点を常に頭に入れておきましょう。

すべての出発点は1表の「生活に対する意向」記入から

　「ケアプランは利用者のためのもの」という原点に立てば、その人自身が「これからの人生をどのように歩んでいきたいのか」がスタートラインとなります。具体的には、1表の「利用者および家族の生活に対する意向」の記入から始まるわけです。
　その「意向」をかなえるうえで、どのような生活を実現することが必要なのか。これが2表の 生活全般の解決すべき課題（ニーズ） となります。
　課題が明らかになったら、その解決に向けた道筋をつけていくことが必要です。
　地図でいえば、まずは到達地点（ゴール）をきちんと示さなければなりません。これが2表の「長期目標」となります。そのうえで、「長期目標」に向けたナビゲーターとなるサービス提供チーム全体の決意表明を明らかにします。それが、1表の「総合的な援助の方針」です。次に、長期目標を目指すうえでの通過ポイント設定が必要です。これが2表の「短期目標」。通過ポイントごとにナビゲーター（サービス提供チーム）のすべきことが具体的な「援助内容」となります。

利用者の思考の流れに沿った1〜3表の記入手順

アセスメントで聞いた利用者の思考

- 私は、どのような生活を志していきたいのか？
- 志す生活を実現するために、その生活を支えるどの部分をどう改善していきたいのか？
- 生活を支える部分が改善されることで、どのような状態が期待できる？
- 期待される状態に向けてチームはどのような思いで一緒に歩んでくれるのか？
- 一緒に歩んでくれるチームとともに、とりあえず何を目指せばいいのか？
- とりあえず目指すべきことのために、具体的にチームはどんな支えを？
- 自分の生活ペースを乱さないように支えてくれると、頑張りやすい

利用者の思考に沿った1〜3表の記入

- 「している生活」の維持・改善「しようとしている生活」の実現を含めた「生活にかかる意向」（1表）
- 利用者の「意向」を実現するために解決が必要となる「生活全般の課題（ニーズ）」（2表）
- 「課題」を解決するうえで目指すべき「長期の目標」（2表）
- 「長期目標」の達成に向けてケアチームが共有する「総合的な援助の方針」（1表）
- 「総合的な援助方針」のもと「長期目標」の達成に向けて直近で目指す「短期の目標」（2表）
- 「短期目標」の達成に向けた具体的な「援助内容」（2表）
- 具体的な「援助内容」をどのようなスケジュールで進めるか（3表）

- ケアプランは利用者のもの。「これは自分のプランだ」と納得できるよう、本人の思考の流れを追う
- 本人・家族の生活の意向こそがすべての出発点

ケアプラン作成
「生活に対する意向」と「課題」を明らかに

プラン作成の出発点となる「生活に対する意向」と、それを実現するための「課題」をしっかり設定します

「生活歴」と「している生活」を結ぶ線上に「真の意向」が

　まず「本人および家族の生活に対する意向」を明らかにします。アセスメントでは、①本人や家族の訴え、②「生活歴（してきた生活）」と「している生活」を結んでいきますが、中で「こうありたい」という意思の現れ（もちろん、本人・家族に確認します）が見えてくるはずです。

　注意したいのは、本人と家族の「意向」が相反する場合です。このケースでは、**「どちらか一方を採用」とする前に、両者が協力しあって生活を構築しようとする「隠れた接点」がないかを探ります**。もちろん、時間がかかることもあるので、その場合は「暫定的にプランを固め、接点が浮かんできたら随時見直す」という流れをとります。

　次に、先の「意向」をかなえるには、どのような生活上のパーツが必要なのかを考えます。たとえば、アクティブな生活が好きな人にとっては健康状態の悪化を防ぐことが重要なパーツです。同時に、家族に大きな負担をかけることは避けたいでしょう。となれば、「自分で日々の服薬管理ができるようになりたい」というパーツが浮かんできます。これが「生活全般の解決すべき課題（ニーズ）」のひとつとなるわけです。

問題・障壁の除去・軽減のために「創り上げる」ものを描く

　ニーズを導き出すには、アセスメントにおける「疾患や健康の状態」「ADL・IADLの状況」「家族の介護力や生活環境」などの各項目をつぶさにチェックします。ここには、「意向」をかなえるうえでの「問題や障壁」があるわけですが、それを解消したり軽減するための手段を「創り上げていく」ポジティブなアプローチをかけます。

　したがって「**〇〇したい（創り上げたい）**」という表記が望ましいわけです。

「本人・家族の生活にかかる意向」まとめシート

本人の生活歴 （してきた生活）	本人の生活の現状 （している生活）	本人の生活へのこだわり （しようとしている生活）
例）中学教師を定年退職後、地域の史跡めぐりに積極的に参加しつつ、ガイドボランティアの研修にも参加	例）毎日午前中に、パソコンのインターネットで、地域の風土や歴史にかかわる記事をチェックしている	例）「史跡めぐりの時の写真を一度整理しないと」と、家族にいつもいっている

本人が望む「生活の姿」を描き出す。「描いた姿」について、本人・家族がどう考えているかを確認

本人・家族の生活にかかる意向

（本人）
例）自分が手がけてきた「史跡めぐり」の記録をきちんとまとめたい。（まとめたものをどうしたいか？の問いに対して）地元の地誌などに反映してくれるとうれしい。
（家族）
例）（史跡めぐりの記録のまとめなどの）ライフワークも生きがいとして必要だが、今は本人の健康管理が大切。通院・服薬管理をしっかりしてほしい。

> 本人と家族の意向に接点はないかを、さらに探っていく。本人にとって健康管理にかかる動機づけを家族とともにすり合わせていくことも

「生活にかかる意向」の実現に必要なもの

| 生活にかかわる意向 | →「生活にかかる意向」を実現するうえで、どのような生活上のパーツが必要か？ → | パーツを「創り出す」ことが「解決すべき課題」 |

ココがPOINT!

- 「生活歴」や「生活の現状・こだわり」を語り合う中で、本人も気づかなかった意向が浮かんでくることも
- 本人・家族の意向の接点も探ることが大切

ケアプラン作成
「長期目標」と「総合的な援助の方針」

課題解決への道筋を描きます。まず、到達点である長期目標とそこへ向かうナビゲーターの意思表明を明らかに

たとえると、車のナビに設定する目的地が長期目標

　どこかにドライブに出かける場合、道に迷わずに旅を進めるには、車のナビに目的地をまず入力するはずです。このドライブを「課題解決」に向けた旅とするなら、ナビへの目的地入力は２表の「長期目標」の設定にあたります。

　長期目標と各課題の関係は、前者に到達することが、後者を解決する手段のひとつとなる位置づけです。先のドライブにたとえれば、「着いた先で温泉に入りたい」というのが課題で、「その温泉がある目的地を定める」のが長期目標の設定ということになるでしょう。長期目標というのは到達点ですから、そこでは本人の意向に沿った「生活の姿」が描かれているはずです。つまり、**表記としては「（問題や障壁が除去・軽減されて）〇〇している（できている）」**という形になるのが望ましいでしょう。

　この到達点の姿を描くことにより、利用者自身も「自分はどこに向かえばいいのか」というイメージがつかみやすくなります。自立への意欲を高める効果があるわけです。

総合的な援助の方針は、旅程上の情報公開にもあたる

　再びドライブにたとえると、ナビゲーターが人間（旅行会社の添乗員など）である場合、「どんな道を通って目的地に行くか」を旅行者の意向に沿って決めたり、「安全に旅行を進めるため、こんなことに気を配っている」という情報公開を行うはずです。このナビゲーターの情報公開をケアチームにあてはめたものが、１表の「総合的な援助の方針」にあたります。必ず利用者・家族の意向とマッチすることが必要です。また、利用者や家族自身もケアチームの一員である点を考えれば、「本人・家族のセルフケアをサポートする」という視点も入れ込みたいものです。

「長期目標」と「総合的な援助の方針」

生活全般の解決すべき課題（ニーズ）
「（〇〇を実現するために）〇〇したい」

→ 1表の「意向」を常に前置きで意識する

そのためには、どのような姿を目指すべきか

↓

長期目標
「〇〇している（できている）」という生活の姿を描き出す

長期目標の達成に向けて、チームとしてどのような「意識共有」が必要か？

→ 本人・家族も同じチームの一員であることを意識し、皆が同じ方向を向くことが大切

↓

総合的な援助の方針
「（チームとして）〇〇という方針のもと、〇〇（長期目標のまとめ）に向けてご本人・ご家族と一緒に〇〇に取り組んでいきます」

↓

本人・家族の「孤立感」を解消することにより、セルフケア力を高めることにつながる

ココがPOINT!
- 「長期目標」は、その到達点のイメージが本人・家族にも具体的に頭に浮かぶように描いていくことが大切
- 本人・家族もチームの一員という意識をもってもらう

ケアプラン作成
「短期目標」と具体的な「援助内容」

長期目標に向けては、いくつかの小分けにした過程が必要です。この過程が短期目標となり、実現する手段が援助内容です

長期目標に向けた現実的なステップとなるのが短期目標

　長期目標は、「その生活の姿に至ることで課題が解決する」という位置づけです。理想像に近いという点では、一足飛びにそこまで行きつくのは難しいでしょう。やはり、いくつかの現実的なステップを踏みながら──という道筋が必要になります。

　このステップにあたるのが短期目標です。たとえば、「家のお風呂で入浴を楽しんでいる」というのが長期目標なら、家のお風呂の「浴槽」をまたげるようになることが必要です。ここから「家のお風呂の浴槽をまたいで湯舟からの入出ができる」が短期目標となります。「家のお風呂の浴槽をまたぐ」という短期目標を達成するには、どのような手段が必要でしょうか。その具体的な手段を描くのが介護保険サービスなどを使った「援助内容」です。

　介護保険サービス「など」と述べたのは、介護保険に限らず、さまざまなインフォーマルサービスも入る可能性があるからです。時には、「家族の役割」を描くこともあります。「家族の負担になるのでは」と思うかもしれませんが、**役割の線引きを明確にすることで、「すべて家族が背負わなければ」というプレッシャーが軽減できます。**

目標達成の期間設定は、多職種と利用者ですり合わせを

　長期・短期目標には、それぞれ設定期間が設けられており、短期目標で現実的な期間を設定したうえで、長期目標の期間を算出します。**各短期目標の期間設定については、各サービス担当者の見立てとすり合わせ、利用者の意向を確認して行います。**

　たとえば、自立歩行のために「手すり」を取り付け、「手すり歩行の訓練」を行う場合、異なる事業者同士でのすり合わせも必要です。ここでも連携が重要になります。

2表の「長期目標」を分解して「短期目標」を導き出す

例：台所やトイレに行く際の屋内の廊下での歩行が、手すりの活用によって自分でできている

長期目標
目指すべき生活の姿
（課題解決の手段）
➡どんなステップを踏めばいいか？

逆算して考える②
長期目標の達成期間

例：「手すりをしっかり握れている」「安全な屋内歩行に必要な運動機能が維持できている」など

短期目標
長期目標を達成するうえで、複数のステップが必要になることも
➡目標達成のための具体的な援助は？

逆算して考える①
短期目標の達成期間

例：「本人が使いやすい高さや構造の手すりを設置」「手すりをしっかり握れるだけの握力の向上」など

援助内容
家族による支援や本人の自助内容についても位置づける
➡どれくらいの頻度・期間を設定？

援助の期間・頻度
➡具体的に誰が支援を手がけるか

介護保険サービスの場合、なぜその事業所をプランに位置づけたかを利用者に説明（運営基準より）

担当するサービス事業者など インフォーマル支援も含む

- 「短期目標」の達成によって「どのような生活が実現できるか」というイメージをしやすいものに
- 援助内容には、介護保険外・家族による支援も含む

ココがPOINT!

ケアプラン作成

3表「週間サービス計画表」について

利用者と家族の生活サイクルをベースとしながら、そこにあるセルフケアを高めやすい計画にすることが大切です

本人や家族の生活サイクルを乱さないように注意を

　3表「週間サービス計画表」を記すのに、欠かせないポイントは以下の二つです。

　ひとつは、**2表の長期・短期目標の達成を円滑に進めるスケジュールになっているかどうか**。たとえば、利用者本人の生活サイクルを乱すようなスケジュールになると、本人の意欲低下や認知症のBPSDの悪化などが生じる懸念もあります。

　もうひとつは、**家族の生活サイクルにも気を配ること**。たとえば、家族に仕事があり、デイサービスへの送り出しなどで朝の出勤時間帯がバタバタしてしまうようだと、仮に「時間的には出勤に間に合う」としてもストレスが蓄積する恐れが出てきます。

　本人と家族の生活サイクルを考慮することは、日常生活に無用なプレッシャーを与えず、それによって（利用者・家族自身による）セルフケアを高める効果があります。

　その点を考えたとき、アセスメントで把握した「利用者・家族の生活サイクル」の情報に再度目を配りつつ、「その人らしい」日常生活の姿を想像しましょう。利用者によっては、最初のうちサービスを開始する前に「心の準備」をする余裕が必要というケースもあります。

医療機関の受診などのイベント把握も欠かさずに

　利用者の生活サイクルとの兼ね合いで、注意が必要になるものが**「医療機関の受診」のタイミング**です。医療職もケアチームの一員であることに変わりないですが、連携不足から介護保険のサービス提供と通院・訪問診療のスケジュールが重なれば、そのたびにスケジュールを調整し直すことになり、これも利用者には負担となります。

　同様にご近所との付き合いなど、さまざまなイベントにも配慮しておきましょう。

3表「週間サービス計画表」を記入する際の注意点 ダウンロード対応

利用者の生活サイクルに配慮しているか？
- ☐ アセスメント時の「している生活」を確認しているか
- ☐ アセスメント時の「タイムスケジュール」を確認しているか
- ☐ サービス導入で生活サイクルが乱れる恐れがないか

家族にストレスがかかりやすいような設定になっていないか？
- ☐ 家族が就業者などの場合、余裕をもって出勤・帰宅ができる計画になっているか
- ☐ そのほか家族の疲労蓄積になるような設定になっていないか

利用者・家族のライフイベントに支障がおよばないか？
- ☐ 利用者・家族のライフイベントが後回しになっていないか
- ☐ イベントへの参加は「重要」であると伝えているか
- ☐ イベントの予定を伝えてほしいとお願いできたか
- ☐ サービスがイベント参加の支障になっていないか
- ☐ サービスがイベント参加の支障になっている場合は調整したか

モニタリングの時期などもきちんと記しているか？
- ☐ モニタリング時期を計画表に記したか
- ☐ モニタリング時期が利用者・家族に伝わっているか（頭に入っているか）

PART 4 基本編 ケアプランの作成

ココがPOINT!
- ●「週間サービス計画表」も、利用者や家族のためにあるもの。生活サイクルが後回しにならないように
- ●ケアマネの訪問予定なども一緒に記しておきたい

予防プラン作成

介護予防プランの考え方と記入法①

介護予防サービス・支援計画表（介護予防プラン）はケアプランと様式が異なります。記入のポイントは？

4つのアセスメント領域ごとに「意向」「課題」を明らかに

　居宅のケアマネも、包括からの依頼を受けて介護予防プランを作成することがあります。利用者の自立支援・重度化防止という作成の理念は同じですが、ケアプランとは様式が異なるので戸惑うこともあるでしょう。もっとも大きな違いは、4つのアセスメント領域が設定されていること。そして、領域ごとに「利用者の意向」と「課題」を明らかにし、生活の「総合的な課題」を導き出す流れになっていることです。

　4つのアセスメント領域は、①運動・移動、②日常生活（家庭生活）、③社会参加・対人関係・コミュニケーション、④健康管理となります。

　アセスメント領域が細かく分かれていることで、「している・できている生活」をしっかり見ることの手がかりにはなるでしょう。ただし、それぞれにピンポイントで焦点を当てすぎると、「人の生活」を総合的にどうとらえるかという点につまづきが生じかねません。

各領域に「共通する課題」を面でとらえることが大切

　上記の懸念を解消するには、アセスメント領域ごとの課題を掘り下げる一方、常に「総合的な課題」を意識することです。具体的に、**アセスメント領域ごとの「現在の状況」を点ではなく面で見ることで、常に「各領域に共通する課題は何か」を探ります**。

　たとえば、「地域の囲碁クラブに参加する」という社会参加を実現するには「囲碁クラブまで出かける」という移動や、「出かける」という意欲を支える健康管理も関係してきます。当然、「囲碁クラブに参加し続けたい」という本人の意欲の向上こそが、運動機能や健康管理にかかるセルフケアにもつながってくることになります。

ケアプランと介護予防プラン、記入項目の関係

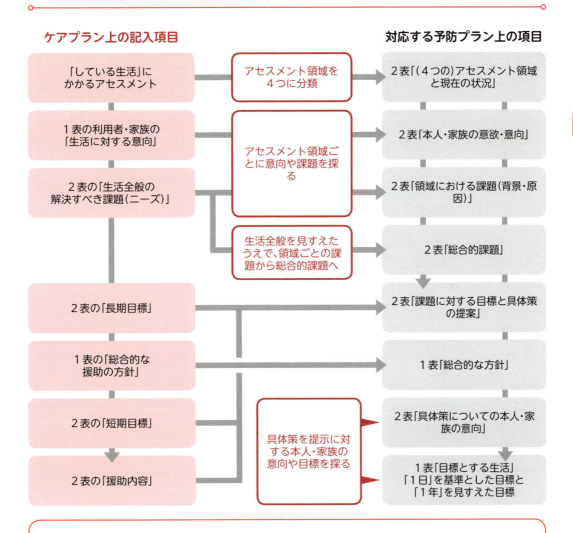

ココがPOINT!
- 介護予防プランも、基本はケアプランと同じ。利用者の「している生活」をしっかり描くことから始まる
- 4領域に共通する課題を「面」で描き出すことが大切

予防プラン作成

介護予防プランの考え方と記入法②

介護予防プランで特に心得たい思考の流れを整理しましょう。利用者のセルフケアの底上げがカギとなります

「している生活」の全体像を常に横に置いておく

　前項の基本を押さえたうえで、介護予防プランの作成に着手してみましょう。
　まず、アセスメントに際して、利用者の「している生活」の全体像を描きます。1日・1週間の生活の中で、その人にとって「何が一番大切なのか」を理解するためです。
　利用者の「大切なもの」を理解したうえで、それを手にする・継続していくための課題は何かを考えます。いろいろな要素が出てくると思いますが、それを4つのアセスメント領域の中に整理していきます。「している生活」の全体像を常に横に置いておくことを忘れずに。

領域によって利用者の意向が否定的・消極的になったら……

　次に、アセスメント領域に沿った利用者・家族の意向を導き出します。難しいのは、アセスメント領域によっては、否定的・消極的な意向となるケースもあることです。
　たとえば、趣味活動などの「社会参加」は進めたいが、「運動機能」の維持・向上や「健康管理」に対しては積極的な意向を示さないこともあるでしょう。その場合、なぜ「否定的・消極的なのか」を探っていく一方で、利用者に対し、**ひとつの課題を解決するのに、他の課題解決も重要になるということを理解してもらうことも必要です**。
　そこで、前項で述べた領域相互の関連について、利用者とコミュニケーションをとりながら説明します。図などを使い、理解しやすい工夫を施すことも考えます。
　根気よく説明する中で、利用者側も「そういうこと（例：趣味を楽しむための十分な健康管理）も大切なのか」と気づきます。この段階で、利用者のセルフケアへの啓蒙が行われます。介護予防プランにはそうした役割もあるのです。

介護予防プラン3表には「具体的な支援」の流れを記入

目標
2表の「課題に対する目標と具体策の提案」から転記。本人・家族の合意によって得られた目標を改めて記入する

↓

目標についての支援のポイント
具体的な支援を考えるうえで、安全管理のポイントなどの留意点を書き込む。サービス提供者だけの留意点ではなく、あくまで利用者が「自分で留意する」ことが目的

↓

具体的な支援の内容
・本人等のセルフケアや家族の支援
・インフォーマルサービス
・介護保険サービスまたは総合事業（地域支援事業）など

自助（セルフケア、家族による支援）、互助（地域のボランティアによる支援）、共助（介護保険制度における支援）をいかに組み合わせていくかがポイントになる

> 自助の位置づけなどによっては、利用者との合意が難しくなるケースも生じやすい。そうしたケースにおいて、「どのように働きかけを行うか（利用者との合意に近づけていくか）」という方針も記入する

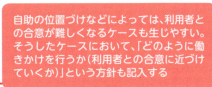

ココがPOINT!
- セルフケアの内容記入が増えていく中で、利用者との合意づくりを焦らずていねいに行うことが大切
- 図を使って利用者の理解を得る工夫を重ねたい

プラン原案の説明
利用者にプラン原案を示す際に心得たいこと

ケアプラン（予防プラン含む）は、あくまで利用者のもの。それを利用者に実感してもらうことが大切です

「これは自分のプラン」と利用者が実感するためには

　利用者の自立支援・重度化防止においては、「その人自身が機能訓練や健康管理に積極的に取り組めるどうか」が大きなポイントとなります。「その気」になるための大切なツールのひとつがケアプランです。その点を考えれば、利用者がケアプランを手にしたとき「これは自分のプランなのだ」と実感できるかどうかがカギとなります。

　もちろん、ケアプランに示された「意向」や「課題」が、その人の実感に沿っているかどうかが重要であるのは間違いありません。しかし、どんなによくできたプランでも、「見てください」と渡すだけでは、利用者にとってピンとこないこともあります。

　そこで重要になるのは、ケアプラン原案を示すときのケアマネの説明力です。

　41ページで示した運営基準上の説明義務（なぜそのサービスをプランに位置づけたか、など）を果たすのは当然として、プラスαで考えたいのが、**「その人の言葉」を再現しながらの説明**です。もう少し具体的にいうなら、「○○様との共同作業によって、ここまで完成させることができた」という協働の成果を示していくことです。

ケアマネ自身の「理解」をもう一度しっかり確認する

　説明に際しての手順や注意点は、図を参照してください。

　もっとも重要なのは、**その人の「している・しようとしている生活」の姿を示したうえで、「ここをもっと頑張りたいというご意向と理解したのですが、よろしいでしょうか」という具合に確認していくこと**です。この作業自体、その後の利用者とケアマネの信頼関係を強くし、たとえばその後のサービス担当者会議にも「利用者として積極的に参加する」という意識も生み出します。

プラン原案を利用者に提示する際の説明と確認

プランの内容説明に入る前に

本日は、介護サービスを利用されるうえで必要となる計画書をおもちしましたので、これから説明をさせていただきます。ご不明な点や疑問点がございましたら、説明の途中でも遠慮なく仰ってください。

1表「本人・家族の生活に対する意向」

●●様の生活のご様子を拝見したり、今までやこれからについてお話を伺ってきました。そのうえで、●●様（そして、ご家族）が「これからどのような生活をなされたいか」を記しました。いかがでしょう。

2表「生活全般の解決すべき課題」

これから望まれる生活を実現するうえで、「困っている」ことがおありになると思います。その部分を「どうしたいか」を記したのがこちらです。足りない部分などはありますか？

2表「長期目標」

先ほどの「困っていること」を解決するために、どんな状態を目指したらいいかという目標を記したのがこちらです。●●様の思いに沿ったものになっているでしょうか？

1表「総合的な援助の方針」

いま申し上げた目標に向けて、●●様と私たちケアチームが「同じ思い」で取組むための方針を示したのがこちらです。私たちの勇み足などになっていないかお確かめください。

2表「短期目標」と「援助内容」

さきほどの目標までのステップを示したのが、こちらの目標です。また、そのための具体的な援助内容がこちらです。●●様ご自身やご家族にも「お願いしたいこと」も記しています。いかがでしょうか。

AIケアプランの実現はどこまで進んでいるの？

知っておきたい！

AIプランがすでに実践化されている自治体も

　政府が打ち出す未来投資戦略では、介護現場におけるAI（人工知能）など最新技術の導入がうたわれています。AIセンサーによる見守り機器などのほか、開発・導入のスピードアップが図られているのが、「AIを使ったケアプランの作成」です。すでにいくつかの自治体で、導入が図られています。
　トップランナーとなる愛知県・豊橋市では、自立支援をめざすケアデザインAI「CDI Platform MAIA」を活用し、実証研究を経たうえで2018年７月から実際のケアマネジメントへの導入を開始しました。市内のケアマネ45人が、利用者の同意を得たうえで、このMAIAによるケアプラン作成を行っています。

ケアマネとAIとのハイブリッド作業が基本に

　AIによって、具体的にどのようにケアプランが作成されるのでしょうか。
　豊橋市では、2008〜16年度の利用者データ（約10万件）をはじめ、ケアマネが培ったノウハウをMAIAに学習させました。この膨大な経験知をもとに、ケアマネが利用者の心身状況を入力すると、本人のIADLの改善可能性を見出だして「おすすめするサービス」や「利用者の将来予測」を導き出すというものです。ケアマネは、AIが導き出したリソース（土台となる）プランを確認し、適宜修正したうえで本ケアプランの作成につなげていきます。
　仮にケアマネが（本人の自立支援に向けた）重要な課題を見落としていても、AIがそれに気づかせてくれるわけです。AIがすべてプラン作成を行うというのではなく、人間であるケアマネとのハイブリッド作業と考えればいいでしょう。近い将来、ケアマネ実務も大きく変わってくる可能性があります。

PART 5

基本編

サービス事業所の選び方

介護サービスの選び方

訪問介護・訪問入浴介護

家で「している生活」の継続・拡大に欠かせない両サービス。自立支援へと有効に結びつける流れを考えます

訪問介護　身体介護の「見守り的援助」の位置づけに注意

　訪問介護員（ホームヘルパー）が利用者宅を訪問し、利用者の食事や排せつ、入浴、その他の移動・移乗といった日常生活に必要な動作の介助（身体介護）や、掃除、洗濯、調理など自立に向けた生活環境を整えるためのサポート（生活援助）をします。

　また、健康管理に必要な通院などを支えるために、介護タクシーなどを使っての乗降およびその前後の移動・受診手続きを介助する「通院等乗降介助」も含まれます。

　一定以上の頻回訪問による生活援助をプランに位置づけた場合、そのプランを保険者に届け出ることが必要となりました（保険者から是正をうながされる場合もあります）。なお、老計10号（サービス区分等について）の身体介護にかかる「見守り的援助（1-6）」の具体例が拡充され、「本人のできる部分は（見守りをしながら）ヘルパーと共同で行う」流れが強化されています。**生活援助を位置づける前に、本人の課題や目標と照らしながら、身体介護1-6が可能かマネジメントする意識づけも必要です。**

訪問入浴介護　重度療養者などの家での入浴ニーズを支える

　原則として、利用者の家に介護職員2名と看護職員1名で訪問し、家での入浴を介助するサービス。多くの場合、重度者の入浴介助を想定した「特別な浴槽」などを持ち込んで行います。実際、利用者の約5割が要介護5と極めて重い人が中心です。

　心疾患など体調管理が難しいケース時に、「原則として看護職員が同行」という点で着目したいサービスです。ただし、事業所数が年々減少傾向にあります。地域の資源状態を確認するとともに、利用者宅の入浴環境や本人の運動機能をチェックし、84ページの訪問看護による「入浴介助を含めた療養管理」を選択する方法もあります。

訪問介護のサービスの注意点

プラン位置づけ上の注意点	①一定以上（※）の頻回の生活援助を位置づけたプランは、その理由を添えたうえで保険者に届け出（地域ケア会議などで検討） ②身体1-6（自立支援・重度化防止のための見守り的援助）の具体的なケースについて、老計10号を改定
上記以外の2018年度改定にかかる主な内容	①生活援助の人員基準を改定し、新設された生活援助従事者研修（59時間に短縮）の修了を要件に ②訪問介護員の「利用者の口腔・服薬状況などへの気づき」について、ケアマネへの情報提供をサービス提供責任者（以下、サ責）に義務づけ ③プラン上のサービス提供の標準時間と実際の提供時間が著しく乖離している場合は、その旨をケアマネに連絡することもサ責の義務に ④サ責からケアマネへの自事業所のサービス利用に向けた「不当な働きかけ」を禁止
主な加算など（処遇改善加算・サービス体制強化加算は除く）	・生活機能向上連携加算（リハ系サービスのリハビリ職などとの連携） ・初回加算（初回時のサ責による対応） ・特定事業所加算（介護福祉士の手厚い配置や重度者の受入れ） ・20分未満の短時間身体介護（要介護1・2の場合は算定要件を制限）

※届け出が義務化される1カ月の生活援助の回数（2018年10月1日適用）

要介護1	要介護2	要介護3	要介護4	要介護5
27回以上	34回以上	43回以上	38回以上	31回以上

保険者よりプラン是正を求められる可能性

訪問介護のサ責から情報提供が増える点に注意

訪問入浴介護のサービスの注意点

プラン位置づけ上の注意点	①利用者の77％が要介護4・5の重度者（平均要介護度4.1） ②事業所数は年々減少し、2013〜2016年で1割低下
2018年度改定にかかる主な内容	同一建物などの居住者にサービス提供する場合の減算を強化（他の訪問系サービスも同様。例：①事業所と同一・隣接敷地内にある建物居住者＝10％減　②①の利用者が1月50人以上＝15％減）
主な加算など（処遇改善加算・サービス体制強化加算は除く）	・全身入浴が困難な人の清拭・部分浴にかかる減算 ・主治医の意見にもとづき、看護職員が介護職員に代わった場合の減算

介護サービスの選び方
訪問看護・居宅療養管理指導

「在宅での療養管理をしっかり行いたい」という課題に対応するサービス。薬剤師による訪問服薬指導にも注目

訪問看護　重い療養や看取り期の対応も強化された

　在宅生活を継続するうえで、持病などの日常的な管理が必須という人に対して、訪問看護ステーションなどから看護職員（保健師や准看護師含む）が利用者宅を訪問し、病状観察やその他の療養上の処置を行います。利用に際しては、主治医の意見書が必要となります。2018年度改定では、在宅での看取り実績や重い療養が必要な人の緊急時訪問などにかかる評価が手厚くなりました。

　糖尿病のインシュリン注射や多くの薬の服用などが「自立できている」ケースでも、重度化防止を見すえて早期から訪問看護を利用した方がよい場合もあります。

　たとえば、持病の数が増えてくると、さまざまな合併症などを察知する看護職の定期的なチェックも望まれます。本人の既往歴をきちんと把握し、主治医による予後予測などをヒアリングしたうえで、一歩先を見すえた訪問看護の導入を考えましょう。

居宅療養管理指導　栄養・服薬管理がますます重視される中で

　定期的な通院が利用者に対して、医師、歯科医師・歯科衛生士、薬剤師、管理栄養士が訪問し、療養上の管理・指導を行うサービスです（事業者は病院、診療所、薬局となります。なお、看護師による居宅療養管理指導の提供は廃止されました）。

　それぞれの職種の専門性に応じた療養指導が行われ、たとえば管理栄養士であれば、医師の指示にもとづいて栄養管理にかかる情報提供、指導、助言を行います。居宅療養管理指導は、本人や家族のセルフケア力を高める効果もあります。重度者のためのサービスと決めつけるのではなく、プラン上では「自分でできている」「家族が担っている」という部分でも効果を発揮できるという視点をもちたいものです。

訪問看護のサービスの注意点

プラン位置づけ上の注意点	①24時間対応体制のある事業所評価が手厚くなった。状態の不安定な中重度者への緊急時訪問なども視野に入れたマネジメントを ②軽度者でも、悪化リスクのある既往歴の利用者なら積極的な活用を
上記以外の2018年度改定にかかる主な内容	①医療機関と訪問看護ステーションの相互の連携の必要性を基準で明記。そのうえで、看護体制強化加算を算定する場合、看護職員の出向や研修派遣など医療機関との相互人材交流を要件に ②看護体制強化加算に、ターミナルケア加算の算定利用者が多い場合の高単価の区分を設置 ③１月２回目以降の緊急時訪問看護加算について、早朝・夜間・深夜であれば特別管理加算の算定者以外でも算定を可能に
主な加算など（上記以外。サービス体制強化加算は除く）	・長時間訪問看護加算（１時間30分以上の訪問） ・夜間・早朝の訪問（＋25％）、深夜の訪問（＋50％）にかかる加算 ・初回加算（過去２カ月にサービスを提供していない場合） ・退院時共同指導加算（退院時、医師と共同指導した場合） ・看護・介護職員連携強化加算（訪問介護との連携） ・ターミナルケア加算（在宅で死亡した利用者のターミナルケア評価）

居宅療養管理指導の注意点

プラン位置づけ上の注意点	①看護職員による居宅療養管理指導は廃止 ②管理栄養士、薬剤師、歯科衛生士は医師、歯科医師の指示にもとづいてサービスを提供 ③医師が行う場合は、診療報酬の在宅時医学総合管理料を算定しているケースにおいて報酬を軽減 ④管理栄養士については、多職種による栄養ケア計画の策定が要件に
2018年度改定にかかる主な内容	単一建物に居住する利用者数によって、各単位を３区分に（１人、２〜９人、10以上）
主な加算など	薬剤師による訪問について、疼痛緩和のための特別な薬剤投与が行われている利用者への薬学的管理指導に対する加算

- 軽度者でも、持病などの悪化リスクがある場合は、医師の意見を聞きながら訪問看護を積極的に活用
- 栄養、口腔ケアの視点からも居宅療養管理指導が有効

ココがPOINT!

介護サービスの選び方
定期巡回・随時対応型、夜間対応型訪問介護

利用者の生活ニーズに合わせたピンポイント訪問で、自立を促進。「かゆい所に手が届く」ことを目指したサービスです

定期巡回・随時対応型訪問介護看護　随時の要望にも対応

　利用者の生活ニーズに応じて、1日数回の定期訪問で排せつや食事、入浴などの介助や看護職員による療養管理を行います。また、利用者からのコールに対して相談にのる、訪問するなど随時の対応も。事業所によっては、看護ニーズへの対応は訪問看護との連携で実施するスタイルもあります。基本利用料は月あたりの定額制です。

　利用者の排せつや食事、服薬管理などニーズは、人によってサイクルが定まっていなかったり、時間にバラつきがあったりします。そうしたケースでは、通常の訪問介護・看護で対応するのは難しくなります。そんなときに頼りになるのが、このサービスです。

　注意したいのは、**随時対応などが生じた場合のケアマネと事業者との情報共有をきちんと図ること**。随時対応ニーズが生じる場合、そこで利用者の状態に何らかの変化が生じている可能性があるわけで、プラン変更の必要性などにもかかわるからです。

夜間対応型訪問介護　夜間の身体介護に特化。随時対応も

　定期巡回と随時対応を組み合わせた点では上記と同じですが、こちらは夜間の（訪問介護における）身体介護に特化したサービスです。たとえば、夜間に頻回のトイレ介助が必要といったケースで活用されます。日中でもオペレーションサービス（電話などによるオペレーターの対応）だけは行っているという事業所もあります。

　夜間対応にニーズが集中している場合は、定期巡回・随時対応型を使うより利用者の経済的負担を抑えることができます。ただし、2016年時点で、全国の事業所数は182にとどまっているので、地域の資源状況を事前に確認しておきましょう。

定期巡回・随時対応型訪問介護看護の注意点

概要	地域密着型サービス。利用者の24時間の在宅生活を支えるべく、訪問介護員および看護職員が、定期の巡回訪問や随時の(訪問もしくはオペレーターによる)対応によって、身体介護、生活援助、療養上の管理を行う。事業所単体で完結する一体型と、外部の訪問看護と協働する連携型がある。そのほか、事業所の集約化や一部委託なども可能
プラン位置づけ上の注意点	①随時対応を担うオペレーターは、コールした利用者の状態を把握したうえで、実際には訪問せずに電話などだけでの対応を行うことも ②随時対応後には担当者からケアマネに連絡がいくが、その際の情報共有を円滑にするためのマニュアルを整えていくことが望ましい ③通所系・短期入所系サービスを利用した場合は、その分が減算となる
2018年度改定にかかる主な内容	①オペレーターと随時の訪問介護員(あるいは、その他の同一敷地内の事業所職員。訪問介護、夜間対応型訪問介護のぞく)の兼務について、早朝・夜間以外でも可能とする ②①については、ICTなどや電話の転送機能などによって「利用者へのサービス提供に支障が生じない」環境を整えることを条件とする ③介護・医療連携推進会議の開催基準を緩和
主な加算など (上記以外。処遇改善加算・サービス体制強化加算は除く)	・初期加算(利用開始日から30日以内の期間で算定) ・総合マネジメント体制強化加算(包括サービスとしての総合的なマネジメントの体制強化を評価。たとえば随時の提供計画見直しなど) ・緊急時訪問看護加算や退院時共同指導加算など、訪問看護と同等加算 ・保険者が定める要件を満たした場合の加算(上限500単位)など

夜間対応型訪問介護の注意点

プラン位置づけ上の注意点	①定期巡回・随時対応型と重なる部分が多く、事業所数は減少傾向 ②オペレーションセンター未設置(オペレーター未配置)の事業所もある
2018年度改定にかかる主な内容	オペレーターにかかる「訪問介護のサ責経験3年以上」の任用要件を「1年以上」に緩和(初任者研修、旧2級ヘルパー修了者をのぞく)
主な加算など (上記以外。処遇改善加算・サービス体制強化は除く)	・オペレーションセンター未設置の事業所については、包括報酬に(設置している場合でも、未設置の報酬を選択することが可能) ・日中のオペレーションサービスを行っている場合の加算

- 随時対応時の利用者の状況などについて、ケアマネと提供事業者の間で密に情報共有を図ろう
- ケアプランとサービス提供計画の整合性に注意

介護サービスの選び方

通所介護・認知症対応型通所介護など

居宅サービスの中でも利用者数が特に多い、通称・デイサービス。ニーズに応じたさまざまなスタイルがあります

通所介護（地域密着型含む） 利用者の社会参加を進める

　日中、利用者が事業所へ通い、食事、排せつ、入浴などの生活上の介護やADLやIADLなどの維持・向上のための機能訓練を受けます。利用料は1時間単位で設定されています。利用定員18人以下の小規模事業所は、2016年度から地域密着型へ移行。このほか、重度療養ニーズに対応した療養通所介護（通所看護）もあります。

　閉じこもり防止や家族のレスパイトという視点だけで、「通所に通うこと」自体を目的としてしまうと十分な自立支援効果が得られません。通所介護には、事業所ごとにさまざまな特徴があります。**機能訓練に力を入れているところ、小規模で落ち着いて趣味活動に取り組めるところなど、利用者の目標と照らして最適な事業所を選ぶことが大切です。** その人にとっての「社会参加」の手段となりうるのはどこか、という視点をもちましょう。

認知症対応型通所介護 認知症ケアに特化した通所サービス

　認知症の利用者を対象とした地域密着型の通所介護です。単独型と認知症GH（グループホーム）との併設・共用型があります。共用型は、GH内のユニットを活用しながら行います。定員は単独型・併設型で12人以下（共用型は入居者とあわせて12人以下）、小規模ならではの落ち着いた環境がBPSDの緩和に効果的とされます。

　管理者は、認知症対応型サービス事業管理者研修を修了していることが必要です。**「認知症対応」でひと括りにされがちですが、事業所によって特徴があります。** たとえば、若年性認知症者を重点的に受け入れたり、アルツハイマー型とは異なる配慮が必要なレビー小体型に特化した所など。利用者の状態に応じて選びたいものです。

通所介護の注意点

プラン位置づけ上の注意点	①中重度者の受入れや重点的な認知症ケア、個別機能訓練の強化など、事業所によってさまざまな特質があることを頭に入れつつ、利用者の課題解決や目標達成に適したものを選びたい ②栄養スクリーニング加算を取得している事業所からの「栄養状態にかかる情報」など、モニタリングに必要な情報入手について事業所との間でルールをしっかり定めることが大切
2018年度改定にかかる主な内容	①2時間区分だった基本報酬を、1時間区分に ②利用者の心身機能の維持・改善状況を測定し、一定の効果が上がった場合に算定できる加算を創設(ADL維持等加算) ③栄養スクリーニング加算の創設
主な加算など (上記以外。処遇改善加算・サービス体制強化加算は除く)	・9時間以上の利用にかかる延長加算(最大14時間未満まで) ・中重度者ケア体制加算(重度者要件などをクリアしている場合に算定) ・認知症加算(一定以上の認知症者の受入れや人員をクリアした場合) ・個別機能訓練加算(個別機能訓練計画を策定しての訓練実施を評価) ・生活機能向上連携加算(リハ系サービスのリハビリ職との連携) ・栄養改善加算(栄養ケア計画にもとづいて栄養改善サービスを実施)

認知症対応型通所介護の注意点

プラン位置づけ上の注意点	①BPSDの緩和が特に求められる利用者で、より小規模で手厚い個別ケアが必要というケースで有効 ②BPSDに影響を与える合併症などがある場合は、看護職員を配置している事業所を選択したい
2018年度改定にかかる主な内容	①通所介護と同じく2時間区分だった基本報酬が、1時間区分に ②生活機能向上連携加算や栄養スクリーニング加算なども、18年度より通所介護と同じく導入
主な加算など (上記以外。処遇改善加算・サービス体制強化加算は除く)	・若年性認知症利用者受入加算(若年性認知症の人の受入れを評価) ・その他、栄養改善加算や口腔機能向上加算などは、通所介護と同じ

ココがPOINT！
- 通所介護にも、事業所ごとにさまざまな特徴が。利用者の課題・目標と照らして最適なものを選びたい
- 機能訓練や栄養改善などの実績にも注目を

介護サービスの選び方
通所リハビリ・訪問リハビリ

医師の関与を強めたリハビリマネジメント加算の拡充など、「医療リハ」からの受け皿という位置づけが強化されました

通所リハビリ　通院リハとの共用型もこれからは増加!?

　リハビリ専門職（PT・OT・ST）のほか医師も常駐し、通所スタイルでの個別リハビリに力を入れたサービス。短期集中リハビリや認知症の人に対応したリハビリ、日常の生活行為の向上に力を入れたリハビリなど、事業所ごとにさまざまな特徴があります。施設基準が緩和され、通院リハビリとのスペース共用で行われるスタイルも。

　リハビリマネジメント加算をとっている事業所の場合、リハビリを実施する際の留意事項などが医師から伝えられたり、医師も参加するリハビリ会議にケアマネも参加するなど、医師との情報共有が深くなっています（訪問リハビリも同様）。**ケアプラン上での目標設定に際しても、医師とのやりとりをしっかり行うことが必要です。**また、短期集中リハビリなど「卒業」が間近に設定されるサービス枠もある中、その後の短期目標の設定を常に意識するなど、ケアマネジメントにもスピード感が必要です。

訪問リハビリ　通所リハ利用が難しいケースなどで活躍

　リハビリ専門職（同上）が利用者宅を訪問し、1回20分以上の時間をかけてベッド上や屋内外でのリハビリを手がけます（週6回が限度）。対象者は「通院が困難な者」となっていますが、家屋状況に即したADL等の維持・向上を目指すなど目標が明確であれば使えるケースもあります。

　リハビリ計画の策定には、原則として事業所の医師がかかわります。心疾患や悪性腫瘍のある重篤な利用者でも、「しようとしている生活」はあります。それを見極めたとき、たとえ短時間でも訪問リハビリは「本人の生活意欲を高める」うえで有効です。**訪問介護との（生活機能向上連携加算を通じての）連携も視野に入れましょう。**

通所リハビリの注意点

プラン位置づけ上の注意点	①要介護高齢者の医療リハ（医療保険によるリハ）から介護リハ（介護保険によるリハ）への流れが加速する中、医療リハ利用時の情報をしっかり受け取ったうえで、ケアマネジメントを進めることが重要に ②リハビリマネジメント加算Ⅱの要件となるリハビリ会議には、ケアマネも出席を求められることを頭に入れておきたい
2018年度改定にかかる主な内容	①通所リハ・訪問リハへの医師の関与を強化。（例：リハビリマネジメント加算で、リハビリに際しての留意事項や中止にかかる基準など、医師からPTなどへの詳細な指示出しを要件に追加） ②4時間以上のサービスの基本報酬も1時間区分に。長時間ほど引き下げとなるが、PTなどを手厚く配置した場合にはリハビリ提供体制加算が算定できる
主な加算など （処遇改善加算・サービス体制強化加算は除く）	・リハビリマネジメント加算Ⅰ～Ⅳ（計画的なリハビリ等を評価） ・短期集中個別リハビリ実施加算（3カ月間の集中リハビリを評価） ・認知症短期集中リハビリ実施加算（認知症者の状態を考慮） ・生活行為向上リハビリ実施加算（生活行為にかかる目標を設定） ・社会参加支援加算（リハビリ「卒業」後の社会参加を支援） ・中重度者ケア体制加算（重度者要件や看護師配置などの体制確保）

> 利用者が医療リハを受けていた場合には、その際の目標設定・管理などの情報を取得しておく

> 軽度の人でも目標によって積極活用！

訪問リハビリの注意点

プラン位置づけ上の注意点	①通所リハなどの利用が可能であっても、家屋状況にそくしたADLの維持・向上を目指すといった目標が明確であれば訪問リハも活用できる ②家でのリハビリとなるので、訪問リハの利用を想定した福祉用具事業者を含めた三者での情報共有をしっかり行うことが重要に
2018年度改定にかかる主な内容	専任の常勤医師の配置が必須となり（併設老健などとの兼務は可能）、リハビリに際しての医師の診断要件も厳しくなった。リハビリ計画策定に際して常勤医師の診療がなされない場合には減算
主な加算など （サービス体制強化加算は除く）	リハビリマネジメント加算Ⅰ～Ⅳ、短期集中リハビリ加算、社会参加支援加算などは、おおむね通所リハビリと同様

介護サービスの選び方
短期入所生活介護・短期入所療養介護

家族介護者のレスパイトには欠かせない短期入所サービス。本人の生活の継続も視野に入れた慎重な選択を

短期入所生活介護　認知症対応や機能訓練などの特徴に注目

　利用者に短期間入所してもらい、食事、排せつ、入浴などの生活上の介護や機能訓練などを行います。単独型と特養ホームに併設したタイプがあります。

　家族のレスパイトのために定期的・計画的に利用するほか、家族が急に家を空けなければならないといった緊急時での利用パターンも頭に入れましょう。

　同居家族の減少や高齢化の中でニーズが高まっているサービスのひとつですが、地域によっては資源数が足りず、入所予約をするのも一苦労というケースも見られます。**あらかじめ地域の事業所とまめにコンタクトをとり、時期ごとの予約状況や予約の方法などを確認しておきます。**

　「事業所を選ぶ」という余裕もなかったりしますが、それでも利用後に本人の生活が乱れない配慮が必要です。在宅復帰後の生活をきちんと想定した機能訓練が行われているか、認知症のBPSDが悪化する環境にないかなど、しっかりチェックしましょう。

短期入所療養介護　在宅療養ニーズが高まる中で貴重資源に

　上記と同じく、利用者に短期間の入所をしてもらうサービスです。こちらは、看護、医学的な管理のもとで療養ニーズの高い人の受入れが可能です。単独型のほか、老健や療養病床、新設された介護医療院などとの併設タイプもあります。2018年度改定では、有床診療所のベッド活用を進めるための基準緩和も行われました。

　利用者の療養状況などを「よくわかっている」という点では、通院・入院の経緯がある病院の療養病床併設型を押さえておくと安心です。平時から情報共有を行っている医療機関の「地域医療連携室」などに、利用状況などを確認しておきましょう。

短期入所生活介護の注意点

プラン位置づけ上の注意点	①環境が変わることで認知症のBPSDが悪化するリスクも。その点では、認知症ケアの質にこだわりたい ②「質の高い事業所」ほどなかなか予約がとれない。事前の予約方法などをすり合わせておきたい
2018年度改定にかかる主な内容	①看護体制加算に、重度者要件をプラスした区分を増設し、在宅利用者の重度化に対応 ②夜勤職員配置加算に、夜間の医療的処置を強化するための看護師配置などを要件とした区分を増設 ③認知症ケアを強化するため、専門研修修了者配置などを要件とした認知症専門ケア加算を設けた
主な加算など (処遇改善加算・サービス体制強化加算は除く)	・個別機能訓練加算(個別に作成した計画にもとづく機能訓練を評価) ・生活機能向上連携加算(リハ系サービスのリハビリ職との連携) ・緊急短期入所受入加算(緊急に利用者を受け入れた場合の実績評価)

短期入所療養介護の注意点

プラン位置づけ上の注意点	利用者の身体機能や持病などをよく分かっている可能性が高いという点では、過去に入院・入所していた病床や老健の併設事業所をチェック
2018年度改定にかかる主な内容	①有床診療所がサービス参入する際の基準を緩和(食堂に関する基準) ②新設された介護医療院によるサービスが可能に。また、老健の報酬体系が変わったことにより、短期入所の報酬との整合性が図られた
主な加算など (処遇改善加算・サービス体制強化加算は除く)	・重度療養管理加算(要介護4・5の人への医学的管理・処置を評価) ・個別リハビリ実施加算(個別に作成した計画にもとづくリハビリを評価) ・緊急短期入所受入加算(緊急に利用者を受け入れた場合の実績加算)

ココがPOINT!
- 短期入所は、利用前後で状態が維持・向上されているか、事業者ごとのケアの質をしっかり見極めよう
- 事前に予約の流れなどについてすり合わせを

介護サービスの選び方

福祉用具貸与・購入費、住宅改修

在宅での本人の「できること」を維持・拡大していくために、生活環境の整備を行うためのサービスです

福祉用具貸与・購入費　平均貸与価格や貸与上限価格を公表

　本人の日常的な生活動作のサポートおよび機能訓練ための福祉用具を貸し出したり、購入費を支給（原則として償還払い）するサービスです（後者については、年間10万円（7～9割還付）。対象種目は、レンタルで11種類、購入費で5種類。ただし、要介護度によってレンタルが制限される種目もあります。

　なお、福祉用具貸与については貸与価格のバラつきを抑えるため、2018年10月より以下の対策がとられています。①商品ごとの平均貸与価格を公表し、福祉用具専門相談員が利用者に伝えること。②商品ごとの貸与価格の上限が設定されたことです。

　福祉用具貸与も区分支給限度基準に含まれます。「せっかく導入したのに、日常でほとんど使われない」というのでは、ほかのサービス給付に影響を与えることも。**利用者の「している生活」や「現状の運動機能と生活の意向（しようとしている生活）のバランス」を見極め**、福祉用具専門相談員との打ち合わせも密に行いましょう。

住宅改修費　複数の事業者から見積りをとることが必要に

　本人の自立生活をサポートするうえで必要な「住宅の改修」に対して、限度額20万円（自己負担込）の範囲内で費用を支給するサービスです。対象となる改修は6項目。

　支給については原則として償還払いですが、利用者の初期費用の負担を軽減するため、自治体が指定する事業者を利用した場合の受領委任払い※が活用できます。

　利用者が住宅改修を希望する場合、多くは担当ケアマネに手続きの代行が依頼されます。なお、2018年8月より、ケアマネから利用者に対して**「複数の事業者から見積りをとる」ことの説明をする**ことが義務づけられました。

※次のページの注意点参照

福祉用具貸与・購入費の注意点

プラン位置づけ上の注意点	①利用者の要介護度によって、給付の制限を受ける用具もあるので注意 ②福祉用具を導入することで、生活スペースが制限されたり搬出入が困難になったりしないよう、家屋環境との兼ね合いもしっかり検討 ③せっかく導入したいのに「使われない」ことのないよう、利用者の「している生活や意向」とのバランスを慎重に見極める
2018年度改定にかかる主な内容	①貸与については、2018年10月より商品ごとの「利用上限額の設定」と「平均貸与価格の公表」が行われている ②「平均貸与価格」については、福祉用具専門相談員から利用者への情報提供を義務づけ ③機能や価格の異なる複数の商品を利用者に提示することも、福祉用具専門相談員の責務とする ④福祉用具貸与計画書はケアマネにも交付

住宅改修費の注意点

プラン位置づけ上の注意点	①購入費の支給を受ける場合の手続きは、多くの場合、ケアマネが代行 ②支給は原則として償還払い(事前に全額を払った後に給付分の還付を受ける)だが、自治体が指定する事業者を利用した場合は受領委任払い(事業者に直接改修費が支給され、利用者は最初から自己負担分のみを支払えばOKというしくみ)が活用できる
2018年度改定にかかる主な内容	2018年8月より、ケアマネから利用者に対して「複数の事業者から見積りをとる」ことにかかる説明義務が課せられた

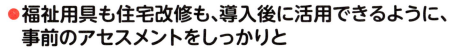

- 福祉用具も住宅改修も、導入後に活用できるように、事前のアセスメントをしっかりと
- 福祉用具専門相談員の新たな責務を把握しておこう

居宅ケアマネの管轄外サービス
小規模多機能型居宅介護（看護含む）

居宅ケアマネの管轄外ですが、将来的な利用も視野に入れたいのが小規模多機能型居宅介護（看護含む）です

小規模多機能型居宅介護　認知症の人のペースに合わせて

　認知症の利用者を対象とした登録制のサービスです。**本人のその時々の心身状況に応じて、「訪問」「通い」「泊まり」のサービスを柔軟に組み合わせます**。登録定員は最大で29名ですが、「通い」や「泊まり」では、登録定員とは別に利用定員が決められています。いわゆる包括サービスなので、一人ひとりの状態をきちんと把握したマネジメントが必要となり、その部分を評価した加算もあります。看取りにも対応する事業所があります。

　小規模多機能型では、各事業所にケアマネが所属して、そこでのサービス提供にかかるケアプランが作成されます。居宅サービスの利用者が小規模多機能型を利用することになった場合、小規模多機能型でのケアプランに必要な情報を居宅ケアマネに求めることがあります。これに協力すると、居宅のケアマネ側は連携加算を算定できます。

看護小規模多機能型居宅介護　看護職員を手厚く配置

　基本スタイルは小規模多機能型と同じですが、看護職員（看護師、准看、保健師）を常勤換算で2.5人以上配置するなど、重い療養ニーズにも対応できます。訪問看護ステーションを併設する事業所もあり、その場合は看護職員配置が緩和されます。

　2018年度改定では、緊急時の訪問看護やターミナルケアの実績に応じて、看護体制の強化を評価した加算も誕生。容態急変リスクが高いケースなどで貴重な資源といえます。小規模多機能型の場合と同様、居宅の利用者が移行した場合に、居宅ケアマネ側は情報提供にかかる連携加算が算定できます。事業所数は全国で300程度と少ないですが、**合併症などがある認知症の人の受け皿として頭に入れておきましょう**。

▌小規模多機能型居宅介護の注意点

居宅ケアマネが頭に入れておきたいこと	①利用者が小規模多機能型居宅介護を利用することになった場合、居宅ケアマネから事業所(のケアマネ)への情報提供にかかる加算が取得できる(小規模多機能型連携加算300単位) ②居宅サービス利用者に対しても、緊急時に短期利用の受入れを行っているケースがある(事業所の登録定員に空きがある場合)
2018年度改定にかかる主な内容	①生活機能向上連携加算や栄養スクリーニング加算など自立支援・重度化防止にかかるしくみを強化 ②若年性認知症利用者受入加算も導入
主な加算など (処遇改善加算・サービス体制強化加算は除く)	・初期加算(利用登録から30日以内の期間について) ・看護職員配置加算(常勤の看護師配置などを評価) ・看取り連携体制強化加算(利用者の看取りへの連携対応を評価) ・訪問体制強化加算(「訪問」の体制強化や実績に応じた加算) ・総合マネジメント体制強化加算(介護計画の随時見直しなどを評価)

▌看護小規模多機能型居宅介護の注意点

居宅ケアマネが頭に入れておきたいこと	①併設する訪問看護事業者から、「登録者以外への訪問看護」のサービス提供が行われるケースも ②資源整備にバラつきがあるので、地域の資源事情について訪問看護事業所などから情報を得ておきたい
2018年度改定にかかる主な内容	①資源拡大を目指し、診療所からの参入要件を緩和 ②サテライト型事業所の設置が可能に(代表者、管理者、ケアマネなどは本体との兼務が可能。ただし、本体は緊急時訪問看護加算の届出が必要)
主な加算など (処遇改善加算・サービス体制強化加算は除く)	・退院時共同指導加算(退院・退所時に医療機関などとの共同指導) ・緊急時訪問看護加算(24時間の連絡体制確保などが要件) ・ターミナルケア加算(死亡日以前14日以内のターミナルケアを評価) ・看護体制強化加算(緊急時訪問看護の実績などを評価したもの)

ココがPOINT!
- 緊急時の短期利用や併設事業所による訪問看護など居宅ケアマネが押さえておきたい機能も
- 利用時の事業者側との情報連携にも注目

管轄外サービス
介護保険施設など 入所・入居系

利用者ニーズの変化によっては、居宅ケアマネも「入所・入居系サービス」の知識をたずさえる必要があります

介護保険施設　特養ホーム、老健、介護療養病床、介護医療院

　介護保険による施設サービスは4つあります。生活上の介護に力を入れているのが特養ホーム。療養やリハビリに力を入れ、利用者の在宅復帰・在宅療養支援をミッションとしているのが介護老人保健施設（老健）。医学的な管理に力を入れているのが介護療養病床と介護医療院です。

　特養ホームには、定員規模の小さい地域密着型もあります。いずれも、15年度より原則要介護3以上が入所要件となりました（要介護2以下でも同居家族が病気で介護が困難など特例的な入所は可能）。介護療養病床は2023年度末で廃止となり、代わる受け皿として位置づけられたのが介護医療院です。

特定施設入居者生活介護　いわゆる介護付有料老人ホーム

　有料老人ホームのうち、介護保険サービスをセットにしたスタイルが介護付有料老人ホームです。提供されるサービスは介護保険施設のように包括化されたもので、介護保険法上は特定施設入居者生活介護といいます。ちなみに、住宅型の有料老人ホームの場合は、介護保険サービスは包括化されておらず、居宅と同じ扱いとなります。

認知症対応型共同生活介護　いわゆる認知症グループホーム

　要支援2以上の認知症の人が、1ユニットあたり5〜9人で共同生活を営むというスタイルです（1つの建物につき2ユニットまで）。生活機能向上連携加算や栄養スクリーニング加算など、入居者の自立支援・重度化防止を強化するための加算も新設されています。居宅からの「短期利用の受け入れ」を行っているケースもあります。

入所・入居系サービスの概要

入所・入居系サービスの要件

	サービス名	入所・入居要件	概要	2018年度の主な改定点
介護保険施設	介護老人福祉施設（特養ホーム）※小規模な地域密着型もあり	原則要介護3以上（在宅困難な理由がある場合は要介護2以下でもOKのケースも）	日常生活行為にかかる介護のほか、機能訓練も。終の住処として看取りも行う	重度者の医療ニーズ対応を強化するため、配置医師による緊急時対応を評価
	介護老人保健施設	要介護1以上	療養ニーズへの対応やリハビリを強化。法改正により在宅復帰の目的を強化	在宅復帰・在宅療養支援機能にかかる指標を設けたうえで、施設類型を再編
	介護療養病床（介護療養型医療施設）	要介護1以上	医療ニーズへの対応を強化した療養型施設。2023年度末で廃止される予定	一定の医療処置の頻度等を基本報酬の要件として、満たさない場合は減算に
	介護医療院	要介護1以上	2018年度誕生の医療ニーズ対応を強化した新類型。療養病床からの転換受け皿に	介護療養病床相当サービスのⅠ型と老健施設相当以上のサービスのⅡ型の2類型
その他の入居系サービス	特定施設入居者生活介護（介護付有料老人ホーム）	予防給付サービスを含めると要支援1以上	介護保険サービスを包括化した有料老人ホーム（サービス部分の外部委託も）	重度者対応の強化を図るため、退院・退所時連携やたんの吸引等のケア提供を評価
	認知症対応型共同生活介護（認知症グループホーム）	予防給付サービスを含めると要支援2以上	認知症の人が1ユニットあたり5～9人で共同生活を営みつつ自立した生活を目指す	入居者の医療ニーズの高まりに対応するため、自前での看護職員配置などを評価

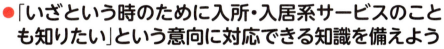

- 「いざという時のために入所・入居系サービスのことも知りたい」という意向に対応できる知識を備えよう
- 特養の入所要件や老健の位置づけに特に注意

管轄外サービス

利用者が入所・入居サービスを希望したら

利用者が入所・入居系サービスの利用を希望する場合、居宅のケアマネとしてはどんな支援が必要でしょうか

入所・入居系の利用に向けた利用者の相談にのる

　在宅で介護サービスを受けつつも、利用者や家族が「やはり施設などに入った方がいいのではないか」と考えることがあります。**入所・入居系サービス自体は居宅ケアマネの管轄外ですが、在宅生活の延長線上で生じる意向・課題であることに変わりはありません。**

　その意味では、入所・入居が現実的な課題解決の手段であるか否かにかかわらず、居宅ケアマネとしてはきちんと相談にのることが必要です。また、入所・入居先にかかる情報提供や問い合わせ・申し込みの代行などを手がけることもあります。

入所・入居先との情報連携も居宅ケアマネの責務

　利用者が入所・入居系サービスに移るとして、入院時の医療機関への情報提供、もしくは小規模多機能型への情報提供にかかるような加算はありません。

　とはいえ、利用者の「円滑な生活の継続」を考えた場合、施設などへの最低限の情報提供が望まれます。また、老健はもとより特養ホームの入所後でも「在宅に戻る」というケースがないとも限りません。そうしたケースで、再び利用者を担当する可能性を考えれば、施設側との情報交流のパイプを残しておくことが大切になります。

　特養ホームの場合、利用者が要介護2以下であっても、本人の心身の状況や同居家族の健康状況次第で「在宅介護が難しい」という場合は、特例で入所が認められるケースもあります。ただし、「本当に在宅が難しいのか」について、入所希望者が施設に「理由書」を提出する必要があります。その中には、**担当ケアマネなどが意見を記す項目があり、これが入所判定のカギともなります。**

要介護1・2で特養ホームの「特例入所」に必要な書類

様式①

別記第3号様式

特別養護老人ホーム
特例入所要件該当申告書

特別養護老人ホーム施設長　殿

平成　年　月　日

【申告者】
氏名　＿＿＿＿＿＿＿＿＿＿＿＿＿＿＿　入所希望者との関係（続柄）＿＿＿＿＿＿＿
住所　＿＿＿＿＿＿＿＿＿＿＿＿＿＿＿　連絡先　＿＿＿＿＿＿＿＿＿＿＿＿＿＿＿

　入所希望者について、要介護度が1又は2であるものの、居宅において日常生活を営むことが困難なことについてやむを得ない事由があることによる特例的な特別養護老人ホームへの入所（以下「特例入所」という。）要件に該当することを下記のとおり申告します。

　なお、入所希望者の特例入所要件に関する詳細な状況について、江東区特別養護老人ホーム入所検討委員会及び特別養護老人ホーム職員から説明や書類の提出を求められた場合、速やかに対応します。また、特例入所要件該当を証明する者が変更になった場合、速やかに連絡します。

【入所希望者】
氏名　＿＿＿＿＿＿＿＿＿＿＿＿＿＿　性別　男・女
住所　江東区＿＿＿＿＿＿＿＿＿＿＿＿　生年月日　明・大・昭　年　月　日

特例入所要件（該当する項目にチェックをつけてください。複数チェック可）
□　認知症であることにより、日常生活に支障を来たすような症状・行動や意思疎通の困難さが頻繁に見られ、在宅生活が困難な状態である。
□　知的障害・精神障害等を伴い、日常生活に支障を来たすような症状・行動や意思疎通の困難さが頻繁に見られ、在宅生活が困難な状態である。
□　家族等による深刻な虐待が疑われる等により、心身の安全・安心の確保が困難な状態である。
□　単身世帯である、同居家族が高齢又は病弱である等により、家族等による支援が期待できず、かつ、地域での介護サービスや生活支援の供給が十分に認められないことにより、在宅生活が困難な状態である。

具体的事情（チェックした特例入所要件についてご記入ください。）
＿＿
＿＿
＿＿

　上記のとおり、入所希望者が特例入所要件に該当することを証明いたします。

居宅介護支援事業者等の事業所名	（連絡先）Tel.
介護支援専門員等の氏名	㊞

出所：東京都江東区役所

ココがPOINT!

- 利用者が特養に「特例入所」をする場合、「在宅生活が困難な理由書」の提出も。ケアマネが代行記載も可
- 入所が決定した段階で、施設との情報連携も

PART 5　基本編　サービス事業所の選び方

介護給付外サービス

インフォーマル資源を利用する場合

介護保険の給付サービスだけではまかなえないニーズに対し、インフォーマル資源の活用を考えます

配食サービスや買い物支援ボランティアなどの活用

　利用者の自立支援のためには、栄養状態や生活環境の維持・改善が欠かせません。ただし、訪問介護の生活援助では、同居家族がいる場合に給付が認められないケースもあります（もちろん、ケアプラン上できちんと必要性を示せばOKとなることもありますが、保険者判断となります）。

　そうした場合に**貴重な保険外サービスとなるのが、栄養改善であれば配食サービス、日用品などの買い物支援であればボランティアによるサービス**などです。特に配食サービスは、国も必要性を認め、保険外でありながらガイドラインを設定しています。

認知症の人の支援にかかる地域単位のプラスαサービス

　介護保険における地域支援事業のひとつに、保険者が手がける認知症総合支援事業があります。地域単位でさまざまな支援メニューがありますが、国が特に推進しているのが、認知症カフェや認ともです。いずれも住民主体の活動に、地域支援事業にかかる予算など（自治体によっては一般会計を上乗せ）が投入されています。

　前者は、認知症の人とその家族が集えるカフェで、そこでお茶を飲みながら本人の話を聞いたり家族の相談にのります。後者は、カフェの支援者が本人となじんだところで利用者宅を訪問し、一緒に過ごし、家族のレスパイトにも資するというものです。

　自治体や地元の商工会などが独自に行っているサービスもあります。たとえば、認知症の人が一人で外出した場合に所持してもらうGPSの貸出し、理美容組合が手がける出張理美容、無料の布団乾燥サービスなど。庭の手入れなどが利用者のQOLの向上につながるという点では、シルバー人材センターなどの活用も考えられるでしょう。

インフォーマルサービスにはどんなものがあるか？

サービスの種類	概要	ケアプランに位置づける際のポイント
配食サービス	利用者宅に定期で食事を宅配してくれるサービス。本人の栄養状態や疾病に対応したアレンジも	厚生労働省が事業者向けガイドライン（※）を提示している。事業者選択の際に参照を
各種ボランティアサービス	買い物や移送の支援など、地域ごとに住民団体等による多様なボランティアが行われている	地元市区町村の社会福祉協議会や包括などに問い合わせて、どのようなボランティア活動が行われているのか、情報をデータベース化しておきたい
シルバー人材センター	「高年齢者等の雇用の安定等に関する法律」にもとづき、高年齢者が多様なサービスを提供	庭木の手入れや障子の張替え、家電修理など介護保険でカバーできない部分をお願いできる。各費用については最寄りのセンターに問い合わせを
認知症カフェ	市区町村の認知症総合支援事業の一環。認知症の人や家族が相互交流および専門職との交流を図る	認知症の人と家族が閉じこもりがちになりがちなケースで、本人の社会参加や家族の気分転換・悩みを打ち明けられる場として活用したい
認とも	認知症総合支援事業のひとつ。認知症カフェでなじみとなったスタッフが本人宅を訪問する	認知症カフェにおける「なじみの関係」をステップとして、交流の場を自宅に。本人の地域交流とともに、家族のレスパイトにも寄与できる
自治体サービス	各市町村が一般財源などで独自に行っているサービス。認知症の人の外出時GPSのレンタルも	市区町村のHPやパンフで、高齢者支援関連のページでいろいろな資源がチェックできる。利用できる要件・負担費用などが定められているケースもある
その他	地元の商工会や業種別団体などが、社会貢献の一環として行っているサービスもある	出張理美容サービスなどが代表的。こちらも自治体のHPなどからチェックできるので、どんなものがあるか情報を集めておきたい

※厚生労働省「地域高齢者等の健康支援を推進する配食事業の栄養管理に関するガイドライン」の普及について (https://www.mhlw.go.jp/stf/seisakunitsuite/bunya/0000158814.html)

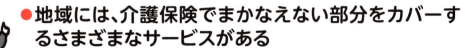

●地域には、介護保険でまかなえない部分をカバーするさまざまなサービスがある

介護給付外サービス

介護予防・日常生活支援総合事業の活用

地域支援事業のひとつとして全市区町村が行う介護予防・日常生活支援総合事業。要介護者でも使えるケースが

総合事業のサービスでも要介護者が使えるケースが

　2017年4月より、全市区町村の地域支援事業で介護予防・日常生活支援総合事業（以下、総合事業）がスタートしています。訪問型、通所型などのサービスがあり、要支援者が利用していた予防訪問・通所介護は、2015年4月から総合事業の中の「従前相当サービス」へと順次移行しました（2018年4月をもって全利用者が移行）。

　なお、厚労省が発出したＱ＆Ａ（2015年1月）によれば、通所型については、要支援者などが中心となっていれば、要介護者でも利用することができるとしています。

　要介護者でも総合事業のサービスが利用できるとなれば、利用者の課題や目標によってケアプランに位置づけることもできるでしょう（例：ご近所でなじみの人が多く通っている通所型サービスで、地域交流を維持するなど）。なお、訪問型についても、「住民主体の支援（訪問型サービスＢ）」であれば（本来の利用者である）要支援者などの利用が中心になっていれば、利用は可能としています。

総合事業での介護予防マネジメントにおける注意点

　ところで、要支援者に対する介護予防マネジメントについては、総合事業のみ（従前相当の訪問型・通所型サービスなど）を利用する場合、総合事業によるマネジメントとなります。言い換えれば、**ひとつでも予防給付のサービスが予防プランに位置づけられると、その場合の介護予防マネジメントは予防給付の対象となるわけです。**

　注意したいのは、総合事業での介護予防マネジメントでは、サービス担当者会議やモニタリングを簡略化するケースもあることです。詳細は厚生労働省が発出しているガイドラインを見るか、最寄りの包括に尋ねてください。

介護予防・日常生活支援事業の「通所型サービス」の例

※予防給付から移行した「従前相当サービス」をのぞく

	多様なサービス		
サービスの種類	通所型サービスA 緩和した基準によるサービス	通所型サービスB 住民主体による支援	通所型サービスC 短期集中予防サービス
サービスの内容	・ミニデイサービス ・運動、レクリエーションなど	体操、運動などの活動や、自主的な通いの場	生活機能を改善するための運動器の機能向上や栄養改善などのプログラム
サービス提供の考え方	状態などを踏まえながら、住民主体による支援など「多様なサービス」の利用を促進		ADLやIADLの改善に向けた支援が必要なケースなど（3～6カ月の短期間で実施）
実施方法	事業者指定／委託	補助（助成）	直接実施／委託
基準	人員などを緩和した基準	個人情報保護などの最低限の基準	内容に応じた独自の基準
サービス提供者(例)	主に雇用労働者＋ボランティア	ボランティア主体	保健・医療の専門職（市町村）

出所：鹿児島県出水市役所「介護予防・日常生活支援総合事業 通所型サービスの類型」より編集部作成

> 厚生労働省のQ&Aによると、「通所型サービスB」であれば、本来の利用者である要支援者などが中心になっていれば要介護者でも利用は可能

ココがPOINT!
- 包括から介護予防マネジメントを受託するケースもあるので、地域の事業者情報を頭に入れておく
- 要介護者でも総合事業を活用できるケースがある

> 知っておきたい!

Q 若年性認知症の人のケースを担当する際に考慮したい点は？

本人に就労継続などの意向が強い場合もある

　64歳以下で発症する認知症を若年性認知症といいます。厚労省は、09年時点での患者数を約3万7,800人と推計していますが、実際には大きく上回っているという指摘もあります。中には、40代・50代で発症するケースもあります。

　こうした若年の場合、年齢的に仕事をしていたり、子育ての真っ最中であったり、世帯の家計を主に本人が支えているなどという可能性もあります。そうなると、65歳以上の人のケアマネジメントとは、生活にかかる本人・家族の意向や課題分析、目標設定などの面で事情が異なるケースも増えてきます。

　たとえば、本人が就労継続の意向を示した場合の目標設定や具体的な援助をどのように設定するかについて、ケアマネとしても頭を悩ますことになります。

企業の障害者雇用枠などについてもアドバイスも

　こうしたニーズに対応すべく、居宅サービス（通所介護や短期入所生活介護など）では、若年性認知症利用者受入加算が設けられています。この加算は「受入れ実績」を評価するものなので、ケアマネとしては、この加算の算定実績が多い事業所などをあらかじめチェックしておくといいでしょう。

　また、認知症によって一定の精神症状などがあると認定されれば、精神障害者保健福祉手帳を取得することができます。レビー小体型認知症などで身体的な症状が認められれば、身体障害者手帳も取得できる可能性があります。

　この手帳があれば、企業の障害者雇用枠で働き続けることが可能です。さらに世帯の家計を支えるうえで、障害年金の受給申請もできます。こうした制度について、ケアマネからアドバイスすることも大切な実務といえるでしょう。

PART 6

基本編

サービス担当者会議 の開催

サービス担当者会議

サ担会議は
なぜ大切なのか？

本人に対する支援方針を話し合うため、介護・医療の関係者が集うサ担会議。制度上で位置づけられた意義とは？

厚労省令で義務づけられているサービス担当者会議

　ケアプランの作成など、ケアマネジメントの過程で厚生労働省令によって義務づけられているのが、サービス担当者会議（以下、サ担会議）です。その定義は以下のようになります。
　「ケアマネがケアプラン作成のために、利用者およびその家族の参加を基本としつつ、プラン原案に位置づけた居宅介護サービスなどの担当者を召集して行う会議」
　その目的としては、「利用者の状況などに関する情報を担当者と共有する」とともに「ケアプラン原案の内容について、担当者に専門的な見地からの意見を求める」ことです。上記は、「指定居宅介護支援などの事業の人員および運営に関する基準」の第13条の9で定められています。ポイントとなるのは、①担当者間の情報共有を図る、②担当者からの意見聴取を図る、③利用者、家族の参加が原則であることです。
　つまり、召集者であるケアマネとしては、**必要な情報を（利用者、家族を含めた）関係者が「きちんと共有できたかどうか」を確認する**ことが重要になります。特に、利用者、家族が「話し合いの内容を理解できているかどうか」の配慮が必要です。

どんな時にサ担会議は必要となる？　例外は？

　なお、サ担会議は「初回のプラン作成」時のほか、要介護・要支援の更新認定・区分変更認定を受けた際にも開催が必要です。また、何らかの事情でケアプランの変更が必要となった場合にも、右図の「軽微な変更」以外ではサ担会議を開催します。
　2018年度の改定では、末期がんの利用者について**サ担会議の開催を不要とするケースが新たに定められました**。詳細については、150ページを参照してください。

サービス担当者会議を開かなくてもよい「軽微な変更」

ケアプランの変更時にはサ担会議の開催が必要となりますが、「軽微な変更」の場合、サ担会議を開催が不必要となるケースがあります。ただし、本当に「軽微な変更」に該当するかどうかは、一連のケアマネジメントの流れ（課題分析や目標設定など）の中で判断されるべきもので、場合によっては「軽微な変更」にあたらないと判断されることもあるので注意を

■「軽微な変更」に該当する変更点

サービス提供の曜日の変更	利用者の体調不良や家族の都合など、臨時的・一時的な理由によるもののうち、単に曜日・日付の変更で済む場合
サービス提供の回数の変更	同一事業所による週1回程度の増減。ただし、変更理由を支援経過記録に記載。同じ状況が2カ月以上続く場合はプランを再作成
利用者の住所の変更	ただし、住所変更にともなって住環境や家族構成が変わるなど、生活状況に影響が生じる場合は、再アセスメント→再作成が必要
事業所の名称の変更	単なる名称の変更にとどまる場合は、プランの再作成は不要
目標期間の延長	ただし、目標期間が終了すれば、その評価を行ったうえでのケアプランの再作成が必要。また、期間中の延長であっても、「その目標設定でいいのかどうか」を検証することが必須
同一機能の福祉用具への変更	「利用者の変化をともなわない用具」への変更（単位数のみが変わる）ケース。ただし、何をもって「機能変化をともなわない」と見るのかについては保険者の判断が分かれることも
目標・サービスが変わらない事業所変更	利用者の状態変化をともなわない中での事業所変更など。ただし、利用者の意向で事業所を変える場合、「意向変化」は「課題の再設定」をともなうことが多く、ケアプラン見直しが必要になることも
目標達成のためのサービス内容が変わるだけの場合	課題、目標、サービス種別が変わらない範囲内での変更について。ただし、内容が変わるということは、課題・目標の変更がともなっていることが多く、ケアプランの見直しが必要になることも
担当ケアマネの変更	契約する居宅介護支援事業所で、担当するケアマネが変更となる場合。ただし、担当変更をサービス事業所に周知することを忘れずに

ココがPOINT！
- サ担会議は、利用者を含めた全員が「同じ方向を向いてプラン内容に取り組む」ための大切なステップ
- 「軽微な変更」のすべてが開催不要とは限らない！

サービス担当者会議
サ担会議をスムーズに開催する準備

サ担会議に至るまでの準備、そして会議後のフォローアップはどうなっているでしょうか。整理してみましょう

サ担会議の場を意識しながらプラン原案の作成を

　サ担会議の目的のひとつは、「関係者間の情報共有」です。言い換えれば、皆が同じ方向を向いて「利用者の自立支援」に取り組んでいく環境を築くことです。

　会議の前段としてケアプラン原案を作成するわけですが、その際に**「全員（利用者、家族も含む）が同じ方向を向きやすくするには、どうしたらよいか」**を頭に入れる必要があります。

　具体的には、1表の「総合的な援助の方針」について、どうすればチーム全員が納得できるのかを意識します。これが会議をスムーズに進める機動力となります。

利用者・家族に「会議」のイメージを備えてもらう

　プラン原案ができたら、あらかじめ利用者に確認してもらう機会をもちましょう。その際に、「原案をたたき台としてサ担会議で内容を詰める」という旨を伝えます。

　ここで重要なのは、利用者や家族に「会議の具体的な進ちょく」のイメージをもってもらうことです。利用者・家族にしてみれば、「わが家で専門職が会議する」だけで緊張感や不安感が高まるもの。プラン原案をもとに、「このあたりを詰めていく」という会議のイメージを示すことで、緊張感などを和らげることができます。

　サ担会議を通じて、意見集約や情報共有が図れたら、利用者・家族の同意を得てプランが正式のものとなります。その後に重要となるのが、きちんとプランに沿った個別サービス計画の作成や実際のサービス提供につながっていくのかという点です。

　このあたりは、サ担会議での意思統一がきちんと達成されているかに左右されます。その後の影響を見すえ、意思統一を中途半端にしないことが大切です。

利用者・家族に「サ担会議開催」を説明する案内書 ダウンロード対応

サービス担当者会議の開催について

○○○○様（ご利用者名）

下記のとおり、「○○様の介護支援に向けたサービス担当者会議」を開催致します。何卒、ご理解・ご協力いただくとともに、ご不明点等ありましたら、担当ケアマネまで遠慮なくお尋ねいただきますようお願い申し上げます。

- **サービス担当者会議の日時・場所**
  日時：○○年○○月○日（金曜日）　午後○時から1時間程度
  場所：○○○○様のご自宅の居間にて

- **サービス担当会議とは**
  「指定居宅介護支援事業所等の事業の人員および運営に関する基準」（厚生労働省令）の第13条の9で定められた会議で、ケアプランの初回作成時や見直しに際して行なわれます。ご利用者やそのご家族、主治医、サービス提供者が一同に集まり、介護サービス等の提供方針について話し合います。

- **サービス担当者会議の目的**
  ○○様が、家でご自分らしい生活をおくることができるよう、参加者全員でケアプランを検討しつつ、ケアプランに位置づけられたチーム全員が同じ方向を向いた支援が行なえるよう、意思統一を図ることが目的です。

- **今回のサービス担当者会議の主な論点**
  ①○○○という目標を達成するための機能訓練に関して、留意すべき事項
  ②その他、ケアプランによる支援を進めるうえでの留意すべき事項

　　　　　　　　　　　　　　　　　　　　　　　　株式会社○○○居宅介護支援事業所
　　　　　　　　　　　　　　　　　　　　　　　　担当介護支援専門員　　○○○○

PART 6　基本編　サービス担当者会議の開催

ココがPOINT！
- サ担会議の概要を示しつつ、当日の進め方などを事前説明し、利用者に会議のイメージを抱いてもらう
- 利用者を含めたチーム全員の「意思統一」を図る

サービス担当者会議
担当事業所の決定とサ担会議の召集

まず、利用者の「主体的な事業所選び」を支援。サービス調整やサ担会議の召集にもテクニックが必要です

2018年度改定で「複数事業者からの選択」支援を強化

　利用者、家族とプラン原案を固める過程で、実際に支援を担当する事業者を決めます。これについては、2018年度改定で、「ひとつのサービスにつき複数の事業所紹介を求める」という利用者の権利が強化されました。利用者が各事業所の特徴を理解し、主体的な選択ができるよう、ケアマネとしても**利用者目線に立った事業所の紹介を心がける必要があります**。

　たとえば、利用料（加算の有無）、サービスで力を入れている部分、（通所なら）場所という具合に、同じ「物差し」で比較できる資料などを用意したいものです。事業所が決まったら、ケアマネから事業所に連絡をとり、定員状況や利用者への支援が可能かを再度確認して正式に依頼します。もちろん、定員に空きがあるかどうかなどは、利用者に候補事業所を紹介する前に打診しておきたいものです。

　なお、「候補として打診したが利用者が選択しなかった事業所」に対しても、その旨を伝えましょう。事業者側としては、依頼を受けるつもりで定員や人員の調整している可能性もあるからです。その後の信頼関係を壊さないためにも、必ず一報を。

サ担会議の日時は、利用者都合を最優先で調整する

　さて、依頼に際してサ担会議への出席も求めます。問題はスケジュール調整です。

　流れとしては、①利用者の都合を最優先して複数日程・時間を上げてもらい、②その中から各担当者の都合とすり合わせます。①に際して、利用者に開始時間だけでなく終了予定時間を必ず伝えることが必要です。②においてどうしても都合がつかない場合は、事業所に足を運んで対策（代理参加者がいないかなど）を練ります。

利用者の主体的な「事業者選択」をサポートするために

以下のように、事業所の特徴が比較できるデータを整理しておき、利用者の意向にマッチするものを複数抜き出して提示する。特徴ごと、価格ごとに比較しやすくすることがポイント

事業所比較の例

	A事業所	B事業所	C事業所	D事業所
法人名	○○株式会社 （営利法人）	← 法人種別も記載する		
所在地	○○町1-2-3 （自宅から○○km）	← 通所などの場合、利用者宅からの距離や平均送迎時間も		
定員規模	20人	← 通所や短期入所などの場合に記載		
事業所の特徴	フロア面積○㎡、個浴あり	← 設備面：面積、備品等も含む		
事業所の特徴	介護福祉士取得者○人	← 人材面：保有資格、研修体制		
事業所の特徴	タブレットを使った脳トレ	← 運営面：サービス面で特に注力していること		
各加算の算定実績	個別機能訓練加算、生活機能向上連携加算	← 各加算の意味については、別途書面で解説		
上記加算を考慮した場合の1カ月あたりの利用料	個別機能訓練を受けた場合、約○○円	← 明細を別途表示		

ココがPOINT!

- 利用者の主体的なサービス事業所選択をサポートし、納得できるメンバーでのサ担会議を
- 日程調整では、会議終了予定時刻もきちんと伝える

PART 6 基本編 サービス担当者会議の開催

サービス担当者会議

医師などへの参加依頼と文書での意見照会

サ担会議で苦労しがちなのが、主治医などに参加してもらうこと。どうしても難しい場合はしっかり意見照会を

主治医はもちろん、病棟看護師などの参加もありうる

　サ担会議に参加するのは、介護サービス事業者だけではありません。利用者の主治医はもちろん、（退院直後であれば）病棟の看護師やＭＳＷ、さらにはかかりつけ薬局の薬剤師の参加も不可欠となります。利用者の生活意向を安全に実現するうえで、持病や服薬の状況、その他の療養管理への配慮が必要になることもあるからです。

　また、インフォーマルサービスの担当者の召集も「支援チームの一員」である以上、参加が望まれます。たとえば、配食サービスの担当栄養士などの意見は貴重です。

主治医などの参加は「事前の情報共有」の場がカギに

　問題は医療職、特に主治医の多くは多忙で、サ担会議の重要性への理解がまだまだ乏しいなどの背景から、出席の承諾を得ることが難しいケースもあることです。

　主治医などの場合、介護サービスの調整前からケアマネとの間で、（アセスメント情報の収集などを通じて）やりとりが行われているはず。その段階から「サ担会議の重要性」を理解してもらいつつ（文書で伝えておく方法もあります）、**ぜひ出席をお願いしたいが、都合のよい時間帯などはどうなっているか**を確認しておきましょう。

　主治医をはじめ、ほかのサービス担当者でもどうしても出席が難しい場合は、文書による意見照会を行うこともできます。ただし、これはあくまで次善の策です。

　文書による照会では、ケアマネ側から「支援に際してどのような留意事項が予想されるか」という点を明らかにし、「意見をいただきたいポイント」を整理したうえで回答をもらいます。その際は、事前に面談してのヒアリング機会なども設けることが望まれます。

サービス担当者が会議に出席できない場合の照会文書の例

○○○○様（利用者名）
※あくまでサ担会議の主体は利用者であるという意味合いから

○月○日開催のサービス担当者会議において、○○○事業所（担当者名○○○）が都合により出席できないため、以下のとおり事前の意見照会を行ないましたので、ご報告申し上げます。

照会者名（担当ケアマネの氏名）

- 紹介先の事業所
  ※事業所名と所在地、参加予定だった担当者名など

- サービス担当者会議に出席できない理由
  ※できるだけ具体的に記す

- 照会年月日
  ※状態変化が著しい場合は、照会年月日が重要になるケースも

- 照会内容
  ※ケアマネから担当者に対して照会した内容を記す

- 回答者名
  ※参加予定の担当者と回答者が異なる場合もある

- 回答年月日
  ※照会のやりとりの状況を明確にしておくうえで必須

- 回答内容
  ※会議当日、この部分の回答内容を参加者と共有する
  ※会議までに回答が得られなかった場合はその旨を記し、後日回答内容を記したものを利用者に送付しつつ、やはり担当者間で共有

> 照会内容に必要な項目の例

ココがPOINT!
- 医師欠席で意見照会を行う場合は、利用者の疾病などの予後予測を担当者間で共有できる回答を
- 医師の出席率を上げるには、事前の情報共有が重要

サービス担当者会議
サ担会議当日までに準備しておくこと

サ担会議を有意義なものにするためには、事前の準備がカギとなります。ケアマネとして押さえたいポイントは？

当日までに用意したい配布資料について

　まず、会議当日に参加者に配布する資料を整えます。具体的に何を用意すればいいのかについては、次ページの図を参照してください。

　プラン原案やアセスメント情報、参加者リストなどについては、「用意している」というケアマネは多いでしょう。ただし、参加する担当者は、「自事業所が担ううえで必要な情報」だけに注目してしまう傾向もあります。

　大切なのは、チーム全体が同じ方向を向きながら利用者を支えていくという点です。その意味では、「自事業所が担うべき部分は、支援全体の中でどのように位置づけられているのか」を把握することが必要です。この部分の理解を深めるのが、「どういう流れで、このプラン原案が出てきたのか」を記した工程表（次ページ上図の③）です。これによって、参加者同士がお互いを理解しつつ議論を深めることができるわけです。

会議の直前、改めて本人・家族に説明したいこと

　会議当日が迫る中、改めて利用者・家族に伝えたいことは何でしょうか。会議の目的などについては、すでに説明がなされているはずです（110ページ参照）。これを確認の意味で再度伝えることも必要ですが、それ以外に申し述べたいことがあります。

　ひとつは、「どれくらいの時間を要するか」を改めて伝えたうえで、**トイレに立ったり、電話を受けるなどの中座に遠慮は無用**ということ。もうひとつは、参加者は来賓ではないので、**お茶を出す、座布団を用意するなどの気づかいも必要ない**という点です。いずれも利用者や家族に負担をかけないうえで必要となる配慮です。

サ担会議前の準備

■ サ担会議までに用意しておく資料リスト

❶ ケアプラン原案（1・2表）
❷ 利用者に関するアセスメント情報（簡易にまとめたもの）
❸ プラン原案の作成工程のシート（意向→課題→目標の流れを示したもの）
❹ 参加者リスト（主治医やインフォーマルサービスも含む）
❺ 当日の議題などを示した進行表（レジュメ）
❻ 欠席の担当者に照会した意見

- ①～③については、事前に担当者に渡しておくことが望ましい
- 上記の資料配布について、利用者・家族の同意を得ておくこと

ご利用者氏名　〇〇〇〇様
（性別・年齢・要介護度など）

検討課題
例：1. 通所介護での個別機能訓練に際しての注意点
　　2. 訪問介護の見守り的援助に際しての注意点

■ 利用者、家族に対して直前に説明しておきたいこと

❶ 再度サ担会議の目的を伝える
❷ 開催日時、開始時間、終了予定時間
❸ 会議にのぞむうえでのお願い

- 参加者にお茶を出したりするのは無用であること
- 電話などがかかってきた場合は、遠慮なく出てもらって構わないこと
- そのほか、普段の生活を見せてもらえればいいこと、など

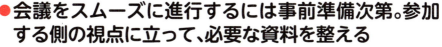

- 会議をスムーズに進行するには事前準備次第。参加する側の視点に立って、必要な資料を整える
- 利用者の緊張感・不安感をいかに解くかがカギ

サービス担当者会議の開催
サ担会議の当日の進め方①

いよいよサ担会議の当日、司会者であるケアマネとして、どのように会議を進めていけばいいのでしょうか

担当者の席順はどのように決めればいいか？

　担当者の席順については、以下の3点を基本とします。
　①利用者、家族は「日常生活の中でいつも座ることの多い位置」に。これは、利用者・家族が「主人公である」という位置づけをはっきりさせるとともに、普段の生活上の動線などを参加者が自分の目でチェックしやすいようにするためです。
　②ケアマネは、できるだけ本人の隣席に。これは、「なじみの担当者」であるケアマネが近くに座ることで安心感を与えるという目的と、話し合いの内容の中で本人にとって不明点や疑問点があった場合に、横から「解説」しやすくするためです。
　③各サービス提供者は、それぞれの立場から、家屋環境や本人の状態などを確認しやすい位置に座ってもらいます。たとえば、福祉用具貸与や住宅改修の事業者であれば、家屋内の課題となる部分（例：動線上、手すりを取り付けたい箇所）の近くに座るという具合です。医師や看護師ならば、やはり本人の顔色や息遣いなどがよくわかる位置がいいでしょう。

利用者の体調等を気遣いスムーズな進行協力を呼びかけ

　全員が揃ったら会議を始めます。参加者の中で到着が遅れている人があっても、利用者の時間的都合を考えた場合、5分以上開始をずらすのは避けたいところです。
　まず、ケアマネが開会を告げ、その日の会議の目的と終了予定時間を述べます。利用者の体調等を気遣いつつ、スムーズな進行に対する協力を参加者に呼び掛けます。次に、参加者に順番で自己紹介をしてもらいます。最初は利用者、家族、次にケアマネから時計回りで。それぞれ「事業所名と担当するサービス類型」を述べてもらいます。

参加者の着席位置と会議の進行

■ 参加者の着席位置と注意点

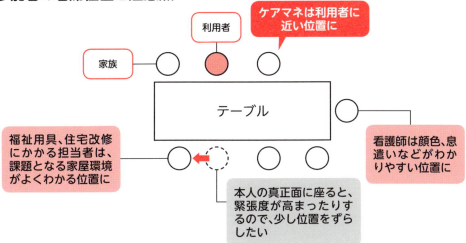

■ 当日の会議の進行

> **会議前の注意点**
> ・参加者の到着が遅れる場合は、事前にケアマネの携帯に連絡をもらうようにし、5分以上遅れる可能性がある場合は会議をスタートする
> ・担当者同士の名刺交換などは、開催時間が迫っている場合には、会議の終了後に行ってもらうようにお願いしておく

会議の始め方
❶ ケアマネによる開会宣言（会議の目的も伝える）
❷ 会議の終了予定時間を伝えておく（円滑な会議への協力のお願いも）
❸ 利用者、家族の自己紹介
❹ サービス担当者の自己紹介（時計回りで。1人1分など時間制限を）
❺ 配布資料の確認を行ったうえで、会議に入る

・この段階から、参加者による実地アセスメントは始まっている
・利用者が緊張しやすい場合は、❹の後に行ってもOK

サービス担当者会議
サ担会議の当日の進め方②

プラン原案の説明、質疑応答を行ったうえで、論点ごとに議論を。常に利用者の意向に立ち戻ることが大切

プラン原案の説明とその後の質疑応答から

　まず、**ケアマネがケアプラン原案の説明**を行います。それぞれの項目がどのような意味をもち、関連するのかについて、利用者が理解できるようにかみ砕きます。

　プラン原案の説明が済んだら、利用者、家族に**「質問などはないか」を確認**します。その後に、サービス提供者側から「原案についての質問や意見」を受け付けます。

　質問や意見ごとに、**各専門的立場からの担当者に意見を求めます**。たとえば、支援内容が利用者の体調に与える影響が不明確であれば医師や看護師に。利用者の運動機能に目標があっているかどうかはリハビリ職に、という具合です。

事前にケアマネが示した論点を話し合う

　プラン原案についての質疑応答後に、あらかじめ特に集中的に議論したい論点**（ケアマネが示した「論点」）について意見を募ります**。課題・目標にかかる論点（例：家での入浴を実現するうえでの短期目標の設定に無理はないかなど）であれば、実際に支援を担当する事業者から意見をもらいます。会議に参加できない担当者がいる場合、事前に照会した文書による意見を披露します。専門的見地からの掘り下げが必要という流れになった場合（ケアマネ判断のほか、担当者自身が専門職の意見を望むなど）、質疑応答と同じく該当する専門職から意見をもらいます。

　議論が紛糾した場合、①ケアマネが意見調整を行ったうえで折衷案などを提示し、②その折衷案について専門職の見解を聞き、最終的に利用者、家族の承諾を得ます。

　たとえば、「この目標設定は（本人の身体状況の見地から）無理がある」という意見が出た場合、〇か×かではなく「では、どこまでなら可能か」と、調整をします。

本題に入ってからの会議の進め方

ケアマネから ケアプラン原案の 読み上げ、説明

① 1表の「本人・家族の生活にかかる意向」からスタート
②「意向をかなえるうえで」として、2表の「課題」へ
③「課題解決のために」として、2表の「長期・短期目標」へ
④「目標達成のために」として、2表の「援助内容」へ
⑤ 1表に「審査会の意見、指定サービス」があれば、読み上げ
⑥「以上を進めるうえで」として、1表の「総合的な援助方針」へ

プラン原案について 質疑応答

①質問への回答について、専門的見地からの意見が必要な場合は、該当する担当者に発言を求める
②その他、原案についての意見も募る（当然、利用者からも）
③欠席者の照会意見があれば、それも披露する

ケアマネが示した 論点ごとに議論

①論点について、関連する担当者からの見解をまず尋ねる
②専門的見地からの意見が必要な場合は、該当する担当者に
③論点について、欠席者の照会意見があれば、それも披露
④議論が紛糾した場合は、「では、どこまでなら可能か」などを関連する専門職に尋ね、同時に折衷案も提案する
⑤④の折衷案などについては、利用者・家族の見解も聞く

ココがPOINT!

- 原案提示の時点で利用者から意見が出なくても、会議の場で出てくることも。戸惑わずに耳を傾ける
- 意見対立などが生じた場合の折衷案も事前に想定

サービス担当者会議

サ担会議のまとめとその後の対応

議事は単にとりまとめるだけでなく、担当者全員が前向きに取り組めるような方向に導くことが大切です

最後に全員と「総合的な援助方針」を確認する

　論点の整理が済んだところで、プラン原案の見直しが必要であれば、その部分の確認（どこをどのように修正するか）を最後に行います。専門的見地からの修正となる場合、どうしても専門用語が増えてしまいがちですが、最終的に利用者や家族の承諾を得ることを考えれば、「わかりやすい言葉」に直すことも意識しましょう。

　そのうえで、参加者全員に「会議に参加してもらったこと」への礼を述べ、最後にもう一度「総合的な援助方針」を読み上げつつ、全員の協力をお願いします。

　会議終了後はケアマネが最後まで残り、利用者や家族に「会議で決まったこと」を再度告げ、「異論がないかどうか」を改めて確認します。全員の前では「いいにくかった」ことが、その後に出てくる可能性もあるからです。仮に異論が出てきた場合、「とりあえずこれで進めてみて、その後に見直しも可能である」ことをきちんと説明しましょう。もし異論が強い場合は、後ほど担当者に連絡をとり対応を協議します。

４表の議事録を作成し、本プランとともに各担当者へ

　会議中は議事録用のメモをとっておきますが、その後に４表としてまとめます。

　議事録は、「検討した項目（プラン原案への質疑応答で当日新たに生じた項目も含む）」ごとに、「検討の経過」→「結論」という具合に記します。仮に、「モニタリングを経て確認する」など「引き続きの検討が必要な課題（残された課題）」があれば、それも記したうえで、その検討を行う「次回会議の開催予定」も記しましょう。

　この議事録は、修正後の本プランとともに各担当者に速やかに送付します。

4 表にまとめる項目を頭に入れて議事録を記入する例

①検討した課題
課題が複数ある場合は、課題ごとに以下の流れを記す

②検討内容
- まず、課題に関係する担当者からの見解・質問を記す
  ↓
- 上記の見解・質問に対して、関連する専門職からの意見を記す
- そのほかの専門職からの意見もあれば、誰の発言かを明確にして記す

③検討した後の結論
- ②で出てきた意見を集約する
- ②の意見に対して、「リスクが高い」などの異論が出た場合には、「では、どこまでなら可能なのか」という現実的な部分を確認
- 上記の「可能なライン」を確認したうえで、折衷案を記す
- 折衷案について、本人・家族の見解を記す

④残された課題
- モニタリングの状況次第で見直しが予想される課題は何か
- 折衷案を採用した場合に、予想される課題について

➡4表は次ページ

ココがPOINT!
- 論点ごとに担当者の見解→専門的見地の意見の流れを整理。合意が得られない場合は、折衷案も
- 折衷案などの新たな提案は必ず利用者の意向を確認

ケアプラン4表（サービス担当者会議の要点） ダウンロード対応

サービス担当者会議の要点

利用者名　○田○子　　　　　　居宅サービス計画作成者名　○本○男
開催日　　○年○月○日　　　　開催場所　○田○子様のご自宅
　　　　　　　　　　　　　　　開催時間　午前10：30〜11：30
　　　　　　　　　　　　　　　開催回数　1回

会議出席者	所属（職種）	氏名	所属（職種）	氏名
	○○訪問介護事務所	□本□美	△△デイケア	○谷○郎
	△△福祉用具事務所	○川○江		

検討した課題	①居宅介護サービス計画の原案について検討 ②屋内における適切な福祉用具の使用について検討	前項①参照
検討内容	項目①について 原案の課題「洗面台に立って自身で整容したい」に対する長期目標として「居室での動線を確保して、洗面台まで自力で移動する」と設定。具体的な援助として「訪問介護の生活援助による居室清掃で、動線確保を維持する」ことを提案。 ↓ 身の回りなど、「自分でできる部分」は「ヘルパーと一緒に掃除をする」ことで、張りのある生活がより確保できるのでは？ （以下、略）	前項②参照
結論	項目①について 生活援助による清掃のほか、週1回程度は身体介護の「見守り的援助」で、自身も身の回りの整頓に参加してもらっては？	前項③参照
残された課題	デイケアにおけるリハビリ後のご本人の疲労度が懸念される。モニタリングを経て、利用時間の検討が望まれる	前項④参照
次回の開催時期	3カ月後に実施予定	

- レジュメの課題番号に沿って記す
- ・プレゼン内容に沿って具体的な注意点、配慮すべき点などを書き込む
- ・上記の検討項目と対照できるように番号をふる
- モニタリングの際にチェックしておきたいポイントを記す
- プレゼンに対する質問
  ↓
  回答、意見などに沿ってまとめる

PART 7

基本編

モニタリングとプラン変更

モニタリング
サービス開始直後のモニタリング

モニタリングのタイミングはいろいろありますが、まず集中したいのが、利用者のサービス開始直後の状況です

実際にサービスを使ってみる中で「仮説」を検証する

　ケアプランに位置づけるサービスが本当に課題解決につながるのかは、サ担会議でも十分に検討されているでしょう。しかし、専門職による見立てがどんなにしっかりなされても、利用者が実際にサービスを使ってみるまでは、「仮説」の域は出ていません。となれば、仮説が正しかったかどうかを、早急に検証することが必要です。「使ってみたところ、事前に予想できない負荷がかかった」といった問題を放置すれば、目標達成に向けて大きな支障となりかねません。

　サービス開始直後のチェックが必要な理由は、もうひとつあります。それは、新たな課題の把握です。

　利用者が新規でサービスを利用し始めると、事前にアセスメントをどんなにしっかり行っていても、新たな課題が浮かぶこともあります。

　まず、「サービスを利用する」ことは、利用者にとって「新たな生活状況」が生じるということです。つまり、その人の「している生活」の幅が広がるわけで、当然、ケアプランのベースとなる「生活にかかる意向」にも影響がおよぶことになります。

初回サービス時に足を運び、利用者の心身状況をチェック

　ケアマネとしては、最初のサービス提供時には、できるだけ現場に足を運ぶようにします。利用者にとって、新たなサービスを受けることに不安を感じることも多いですが、「顔なじみのケアマネ」が来ることで、サービスに向かいやすくなります。

　そのうえで、利用者の表情や身体の動かし方などをチェックし、サービス終了後には「疲労感や気分がすぐれないことはないか」をヒアリングしてみましょう。

サービス利用初期のチェックリスト（例） ダウンロード対応

> 事業所内の事例検討などを通じて、独自に加筆修正を

サービス全般
- ☐ 本人・家族から「思っていたのと違う」といった感想は出ていないか
- ☐ 利用当日、緊張感などによる生活サイクルの乱れはないか（早朝に目を覚ますなど）
- ☐ サービス利用後、過度に疲労感や痛みなどを訴えていないか
- ☐ サービス利用後、食欲が低下したり、よく眠れないということはないか
- ☐ サービス利用後、不機嫌になったり無口になったりすることはないか

訪問系サービス
- ☐ 担当者との折り合いについて不満や不安はないか
- ☐ サービス提供の終了時間が、予定よりも大幅にズレていないか
- ☐ 物品の紛失や破損、支障のある環境変化などが生じていないか
- ☐ 連絡ノート不記載など、不在中の家族にサービス状況がわからない状況はないか

通所系サービス
- ☐ 職員や他の利用者との折り合いについて不満や不安はないか
- ☐ 当日、通所先で何をしたかについて「あまり話したがらない」様子はないか
- ☐ 通所での食事について、「おいしくない」などの訴えはないか
- ☐ 利用開始からほどなくして「利用を休む」という申し出がないか

短期入所系サービス
- ☐ サービス利用後、認知症のBPSDなどが極端に悪化していることはないか
- ☐ レスパイト支援にもかかわらず、家族の介護負担感が高まっていないか
- ☐ 帰宅後に日中の傾眠が増えるなど、生活サイクルの乱れが認められないか
- ☐ 持ち帰りの洗濯物などが、予想以上に多いことはないか

PART 7 基本編 モニタリングとプラン変更

ココがPOINT!
- 利用者にとって「介護サービス利用」は未知の世界。フィットしない部分は、早期に解決を図る
- 初回サービス提供時は、ケアマネが現場に足を運ぶ

モニタリング
モニタリングの進め方①

居宅介護支援の運営基準では、月1回のモニタリングを義務づけています。まずは、利用者との面談から

運営基準で定められた「最低限」のモニタリング

　居宅介護支援の人員および運営に関する基準では、13条の13項にもとづいてケアマネは「ケアプランの作成後、ケアプランの実施状況の把握（モニタリング）」を行わなければなりません。モニタリングの方法や頻度については、同条の14項で以下のように定めています。
　①少なくとも1カ月に1回、利用者の居宅を訪問し、利用者に面接すること
　②少なくとも1カ月に1回、モニタリングの結果を記録すること

随時のモニタリングで押さえたいタイミングとは

　①の面接は「1カ月に1回」ですが、「少なくとも」とあるように最低限の頻度です。定期以外でも、ケアマネが必要と判断した場合は、随時の面接が求められます。このタイミングは、前項で述べた「サービス開始時」のほか以下の点を考慮します。
　a.利用者の既往歴や生活上のイベント（例：お盆に家族が集まる）を頭に入れておき、定期の通院やイベントの直後に、利用者の心身状況に変化がないかを確認。
　b.気候や環境、家族関係に著しい変化などがあった場合（または予測される場合）に、その前後で利用者の状況を確認（話をするだけで本人を安心させる効果もある）。
　上記のような随時のモニタリングのタイミングについては、事業所でもマニュアル化しておきます。たとえば、季節の変わり目で急に寒暖差が激しくなるときには、利用者の持病も頭に入れつつ「気象情報」をチェックし、訪問のタイミングを図ります。
　注意したいのは、「訪問を受ける」ことは、利用者にとっても負担になる可能性がある点です。電話などで様子を伺いつつ、相手の生活サイクルに合わせた訪問を。

モニタリングのタイミングをどこに設定するか？

サービス提供初期でのモニタリング
（126ページ参照）

↓

法令に定められた月1回のモニタリング
＋
上記以外のモニタリング

利用者の既往歴やADLの状態についてアセスメント情報を再確認

利用者の心身状態にかかる変動リスク
- 病状のステージが変化
- 流行性疾患への感染
- 認知症の中核症状の進行
- 処方薬・医療処置の変化
- 利用者の著しい意欲低下
- 痛みやつらさの訴えの増加

など

環境面での多様な変動リスク
- 気候の変わり目
- 自然災害や急な寒暖差
- 道路工事による騒音発生や身近な店舗閉鎖などの環境変化
- 家族の体調悪化や生活の変化
- なじみの事業所の閉鎖

など

環境変動が本人に与える影響を想定しておこう

ココがPOINT!
- 月1回の定例モニタリング以外にも、利用者動向に変化などが生じた場合にはモニタリングを設定する
- 生活上の不定期なイベントの後も注意を払う

モニタリング
モニタリングの進め方②

面接によるモニタリングのほか、主治医やサービス担当者と連携しながら利用者の現況情報を補完します

本人・家族との面談に担当者からの情報をプラス

　厚労省通知では、運営基準13条の13について以下のような内容を示しています。
「利用者の課題の変化は、利用者に直接サービスを提供する事業者など（主治医なども含む）により把握されることも多いことから、担当者と緊密な連絡を図る」
　つまり、利用者との面談に、主治医やサービス担当者から情報を得る機会を加えることで、モニタリング情報の補完を図ることが必要になるわけです。たとえば、利用者の何気ない言葉（サービスに対するちょっとした感想など）に、担当者から得られる情報を加えていくことで、その人のサービス提供時の姿を立体的に浮かび上がらせることができます。

機能訓練などは、実際の提供の様子を見ることも

　自宅訪問だけでは、利用者の状況がつかめないケースもあります。たとえば、通所系や短期入所系サービスを使っている場合は、「そのサービスが利用者にどのような影響を与えているか」を知るには、やはり現場に足を運ぶことも必要です。
　その際、利用者とじっくり面談するタイミングがとりづらければ、本人や担当者の了承を得て、**機能訓練の様子などを見せてもらう**といいでしょう。
　ここで意識すべきは、ケアプランで設定した目標の進ちょく状況です。具体的には、何らかの生活動作の自立を目指すとして、その目標に（設定期間中の達成に向けて）近づいているか。「家での歩行環境」と「機能訓練時の歩行環境」にズレが生じているといった問題はないか。こうしたチェックポイントをいくつか設定しておき、早急な改善が必要となる場合は、**担当者と話し合いの機会を設ける**必要もあります。

モニタリング時のチェックポイント ダウンロード対応

利用者宅での面談時
- ☐ 本人・家族から今までにない「訴え」を聞くことはないか
- ☐ サービス利用についての不満や不安、要望などはあるか
- ☐ 面談時の動作などからADLや可動域等の変化は感じられるか
- ☐ 面談時の会話から意欲低下や認知症の進行などは察せられるか
- ☐ 直近で、本人や家族の生活上・体調面に何か変化が生じていないか
- ☐ 直近で、本人と家族の関係に何らかの変化が生じていないか
- ☐ 直近で、生活上の新たな課題が発生していないか
- ☐ 介護保険外の課題が新たに発生していないか(経済的な課題など)
- ☐ 主治医による診断・指導、処方薬などに変化は生じていないか
- ☐ 食事や排せつ、服薬などの状況に何らかの変化はないか

サービス提供現場での状況把握
- ☐ 利用者の表情や言動に気になる点はないか
- ☐ サービス担当者や(通所等の場合)他の利用者との関係は良好か
- ☐ 介助中の協力動作や見守りによる自力動作の範囲に変化はないか
- ☐ 機能訓練や趣味活動などに意欲的に取り組んでいるか
- ☐ 歩行速度、可動域、足の上げ方などに変化はみられるか
- ☐ 口腔内や嚥下の状態、栄養状態などに気になる点は見られないか
- ☐ サービス提供者の動向や言動に気になる点はないか
- ☐ プランに設定した目標の進ちょくについて担当者の見解はどうなっているか
- ☐ そもそも現場で行なわれている援助内容とケアプランの間でズレはないか

自宅へのモニタリング訪問の流れ

| 本人・家族に都合を聞く。電話アポの場合、相手が忙しい時間帯、休息している時間帯を避けるなど、負担をかけないようにする | → | 当日は少し早めに出向き、周辺環境などの変化も調査。メジャーやデジカメなども用意。サービス担当者との同行訪問が必要な場合は調整 | → | 会話のきっかけづくりとなるものを持参(例:振り込め詐欺の注意喚起のチラシなど)。訪問は相手の負担にならないように1時間程度で |

モニタリング
サービス担当者からの情報を整理

2018年度改定では、多様なサービスで「ケアマネへの情報提供」が強化されました。この活かし方を考えます

サービス担当者からケアマネへの情報量が拡大

　2018年度改定では、サービス提供現場からケアマネへの情報提供について、運営基準での義務づけや新加算の要件となるケースが目立っています。

　前者では、訪問介護のサービス提供責任者に対して、「利用者の服薬や口腔、心身の状況」を随時ケアマネに伝えることが義務づけられました。後者では、通所介護に誕生した栄養スクリーニング加算が挙げられます。同加算は、利用者の栄養状況の測定を評価するものですが、算定要件として「測定した栄養情報をケアマネに伝える」ことを求めています。

　こうした情報は、ケアマネ自身によるモニタリング情報を補完するうえで役立ちます。ただし、次々と寄せられる情報を「ためておく」だけでは意味がありません。大切なのは、寄せられた情報が、利用者への支援に際して「どのような意味をもつのか」を見極めることです。そのうえで、「掘り下げが必要」と判断したら自身のモニタリングで再確認し、必要な対応（**プランの見直し**など）をとることが求められます。

事前に「どんな情報が来るか」をシミュレーション

　寄せられる情報の意味を「見極める」には、ただ「情報を待つ」という受け身の姿勢にならないことが大切です。ケアマネとしては、**利用者のADLや既往歴と、「どのようなリスク情報が寄せられる可能性があるか」**を常に頭に入れておきます。

　そうすることで、「こんな情報が来たら、深刻な状態悪化が推察される。その場合は、こういう対応（主治医に相談など）をしよう」という具合に、リスクの拡大前に先手が打てます。この体制が整ってこそ、多職種からの情報を活かすことができます。

サービス事業者からどのような情報がもたらされるか？

訪問介護
2018年度の基準改定で、サ責に次の責務がプラス。利用者の口腔や服薬、そのほかの心身の状況に関して現場ヘルパーの「気づき」情報をケアマネに伝えること

通所介護
2018年度の報酬改定で、全利用者の栄養状態の測定を評価した栄養スクリーニング加算が誕生。測定した利用者の栄養状況を担当ケアマネに伝えることが、算定要件のひとつに

訪問・通所リハビリ
リハビリ・マネジメント加算Ⅱ・Ⅲの要件となるリハビリ会議に、担当ケアマネも参加者として位置づけ。医師からの「リハビリに際しての留意事項」などが示される

定期巡回・随時対応型
随時対応に際しては、利用者と事業者が直接やりとりする。緊急の場合、利用者の状況や随時対応の内容について、事後的に担当ケアマネに情報がもたらされることになる

担当ケアマネに情報が集まってくる

利用者に何が起こっているか、どんなリスクが浮上しつつあるかという予後予測を踏まえて**主治医など(歯科医師、薬剤師含む)**と情報共有を図る

ココがPOINT!
- サービス担当者から寄せられる情報を活かすために、利用者状況の予後予測を常に立てておく習慣を
- 掘り下げが必要と判断したら自身で即モニタリング

ケアプラン変更

ケアプラン変更の
タイミングは？

モニタリング情報や多職種からの情報を分析する中で、ケアプラン変更のタイミングをどう計ればいいでしょう

5表の記録とケアプランを照合して問題を発見

　モニタリング情報（多職種からの情報もプラスしたもの）は、支援経過記録（5表）に残すことが必要です。この5表の記録とケアプランを照合する作業を通じ、**「プラン内容が利用者の課題解決につながっているかどうか」**を検証します。

　一例として、設定した目標に「利用者の状況が近づいていない」となれば、利用者の意向把握や課題分析から始まる流れのどこかで「見立て違い」が生じていることになります。あるいは、利用者の状況が変化したことで、目標達成までの道のりに支障が生じていることも考えられます。まず、こうした問題を発見することが必要です。

利用者の心理的変化がもたらす影響にも注目を

　たとえば、脳梗塞によるマヒなどがある場合、利用者としては「（脳梗塞前に）していた生活の再現」に向けて、最初のうちは「頑張ろう」という意向が強く出るものです。ところが、機能訓練などを重ねても、思ったような生活再現がままならないとなれば、そこで「あきらめ」や「心理的な落ち込み」が生じる可能性があります。そうなると、プラン上で想定していた目標達成に「意欲」の面でブレーキがかかることになります。

　こうした利用者の意欲変化がモニタリングから浮かんできた場合、利用者がもっと進ちょくを実感しやすいように設定目標を見直すことが必要です。もしくは、ケアチーム全体が利用者の「つらさ」を理解できるよう、総合的な援助の方針や具体的な援助のあり方を検討し直すことも必要かもしれません。いずれにしても、利用者に寄り添うことが見直しタイミングを計る入口となります。

5表「支援経過記録（例）」と注目ポイント ダウンロード対応

居宅介護支援経過記録

作成年月日　〇年〇月〇日

ご利用者名　〇〇〇〇様

担当ケアマネジャー　〇〇〇〇（〇〇〇居宅介護支援事業所）

年月日	ご利用者の状況	情報連携
〇月〇日	早朝の**最低気温3℃** **冷え込みが厳しくなった**ので、午前に電話で〇〇様の体調等についてご家族に電話でお話をうかがう。「特に変わりないが、本人は寒くて早めに目が覚めたといっている」とのこと。ご様子をうかがいに訪問のお約束をたてる	〇〇訪問介護のサ責より 「空気が乾燥している（**湿度45％**）せいか、**口腔内が乾いている**。口腔ケアに際して**保湿ジェルを使用した**」とのこと
〇月〇日	午後3時に〇〇様宅を訪問 **室温22℃**で暖房を設定。「寒いせいか手が上がりにくくなっている」とのこと。腕の可動域を確認。腕を伸ばした状態で30度まで。「通所の機能訓練後に疲労感あり。少しペースダウンしたい」との訴え	〇〇様宅訪問後に、整形外科の〇〇主治医とメールでやりとり 〇月〇日の通院時では「特に予後の悪化は見られない」とのこと。ただし、「寒くなったので**通所でのADL状況について経過観察**を行ってほしい」と要望される

気温や湿度など、できるだけ**客観的な指標・数値**を使って記録。サービス提供者の情報にも同様のことを求める

ケアマネ自身のモニタリング情報とサービス提供者や主治医の情報を照らしながら課題を明らかに

- プラン見直しのタイミングがわからない場合、「本人はどうしたいのか」という原点に立ち返ってみる
- 「モニタリングはチームで行う」という意識をもつ

PART 7　基本編　モニタリングとプラン変更

ケアプラン変更
プラン変更が必要となった場合の実務

「プランの見直しが必要」と判断したら、再アセスメント→見直し原案→サ担会議を経て新プランにつなげます

見直しの際も初回プラン作成時と同じ手順を

　必要に応じてケアプランの変更を行う場合は、居宅介護支援の運営基準第13条の16項にもとづき、ケアプラン作成にかかる一連の手順を踏まなければなりません。具体的には、①再アセスメントを行う、②見直しプランの原案を作成し利用者の同意を得る、③原案をサ担会議にかけて（参加できない担当者には意見照会を行って）本プランを作成するという流れをとることになります。

　なお、プラン内容の変更について、それが「軽微な変更」であるなどの場合はサ担会議の開催を省くこともできます。この点については109ページを参照してください。

なぜプラン変更が必要かという説明をていねいに

　ところで、プランの変更が必要と判断した場合は、まず利用者に**「なぜ、どんな部分での変更が必要なのか」についてきちんと説明**することが必要です。

　利用者にしてみれば、「見直し＝今までのプランがうまく行っていない」と受け取ることもあります。そうなれば、釈然としない心理も生じるわけで、そのあたりで納得が得られないとケアマネとの信頼関係に影響をおよぼしかねません。

　説明に際して大切なことは、利用者の「サービスを受けている様子」や「それによって生活への意向がどう変わってきたか」を見てきた旨を伝えることです。

　利用者の中には、「実際にサービスを受けてみたら、もうちょっとこうならないかという要望が出てきた」という人もいます。サービスを受けている手前、そうした要望は口にしにくいですが、そうした思いをケアマネが先回りしてくれれば、「この人は自分のことをよく見ていて、気持ちをわかってくれている」と感じ、理解が進みます。

ケアプラン見直しのタイミングを計る視点

●本人・家族の生活の意向が変わっている

意向の変化の背景には、環境や疾患、家族関係などさまざまな因子が働いている。意向に影響をもたらしている因子に着目することで、「何を改善すればいいか、そのためにはプラン変更が必要か否か」が見えてくる

●目標の進ちょくがプラン通りに運んでいない

目標への道のりがスムーズでない場合、初期の課題分析が不十分というケースも多い。特に利用者の生活観の掘り下げが浅いと、自立に向けた意欲減退が生じることも。課題分析の過程を検証したうえで、プラン変更を

●利用者の著しい状態変化などが生じている

疾病の悪化など、利用者の課題解決に影響をおよぼすリスクは変動しやすい。「もし、こうなったらどうなるか」という予後予測を常に頭に入れることで、「こうなったらプラン変更」というあたりをつけておく

ココがPOINT!
- 「意向の変化」を利用者自身は口にしづらい。ケアマネが「その人の言葉」で代弁することが利用者の納得に
- プラン変更のポイントは、利用者に具体的に説明する

早期発見と速やかな対処はケアマネの責務

　厚労省は、高齢者虐待防止法にもとづいて2007年から毎年、高齢者虐待に関する実態調査を行っています。それによれば、養護者（家族、親族）による虐待判断件数は、ここ数年1万6000件前後で推移しています。

　一方、相談件数・判断件数ともに急増しているのが、養介護施設従事者などによる虐待です。先の養護者による件数と比べればわずかですが、要介護などの高齢者を「養護する」立場にあるはずの介護サービス従事者が虐待を行うというのは、数字以上に深刻なケースととらえるべきでしょう。

　いずれにしても、利用者状況を間近で見る立部にあるケアマネとしては、早期発見と「利用者を守る」ための速やかな対処を担う責務があります。

包括などと躊躇せず状況の共有を図ることが大切

　高齢者虐待は、明確に痕跡（アザや傷など）が残るものばかりではありません。心理的虐待や経済的虐待は、明確な痕跡はなかなか確認しづらいものです。身体的虐待でもネグレクトなどは発見が遅れてしまうこともあります。

　こうした点を考えたとき、「虐待の兆候」について、包括や保険者からのアドバイスを得ながら事業所でマニュアル化を図っておく必要があります。

　たとえば、モニタリングで利用者と面談した際に、利用者の様子が「（虐待という明確な証拠があるわけではないが）何かおかしい」と感じるとします。ネグレクトの場合、急速な体重減などが発見のきっかけになることもあります。そうした場合には、躊躇せず事業所内や包括との間で状況を共有し、保険者の権利擁護窓口などにつなげるフローチャートを作っておきたいものです。

PART

8

応用編

医療機関との連携で必要な実務

対医療連携

在宅医療・介護連携推進事業を知ろう

2015年度からスタートしている在宅医療・介護連携推進事業。上手な活用がこれからのケアマネ業務を左右します

2018年4月から8つの事業が完全スタート

　退院スピードの加速や在宅での重い療養ニーズの拡大にともない、在宅での医療と介護の連携の質がますます問われています。質の底上げを目指すため、2015年度から地域支援事業の中に在宅医療・介護連携推進事業が位置づけられました。3年間の猶予期間を経て、2018年4月からはすべての市区町村でスタートしています。

　この推進事業では、8つの事業（右ページの図で一例を紹介）を行うことが必要とされています。連携に関する相談窓口の設置や医療・介護職の共同研修の実施などがありますが、ケアマネの実務上で注目したいのが、**医療・介護関係者の情報共有**についての支援です。

在宅の医療・介護の関係者間で情報共有をルール化

　情報共有については、さまざまな取り組みが想定されています。たとえば、地域の医療・介護関係者の協働によって**現場で使いやすい情報共有シートの作成**や、在宅での利用者の看取り、**急変時にも対応できる情報共有のルール化を図る**ことなどです。

　こうした取り組みについては、地域性によって連携へのニーズや実績も異なるので、多職種が話し合いながらさまざまなしくみを構築することが求められています。

　重要なのは、地域で整えたしくみを、病院や診療所、介護サービス事業者が積極的に活用できる環境です。たとえば、連携シートを活用した多職種合同の事例検討会に参加したり、サ担会議の場でツールとして積極的な活用を図ることが望まれます。こうしたしくみのメリットは、ケースの進行上「連携の経過」が詳細に記録されることで、「なぜ、こうなったのか」を関係者が理解しやすくなることです。

在宅医療・介護連携推進事業を積極的に活用する（一例）

地域の医療機関へ直接相談できる日時や時間帯を知りたい

→ 「地域の医療・介護資源の把握とその情報共有」
ケアマネタイム（医師に直接相談できる時間帯）などがリスト化されているケースもあるので、地元医師会に問い合わせを

利用者の既往歴情報を一元化し、リアルタイムで共有を図りたい

→ 「情報共有シートなどの活用による患者・利用者情報の共有」
保険者のHPなどで詳細を確認。シート類をダウンロード提供しているケースも

多職種によるグループワークに参加して、連携実務を学びたい

→ 「医療・介護関係者の多職種協働にかかる研修」
保険者や包括、地元医師会から、年間研修会の予定表などを入手しておく

多職種による事例検討会に参加して、サ担会議の質向上に活かしたい

→ 「多職種連携会議の開催」
包括主催の地域ケア会議の延長として、地域課題とその解決策を共有するための事例検討会などの開催も

ココがPOINT!
- 保険者内に在宅医療・介護連携の専門部署も。多職種協働の研修会情報を収集し、顔つなぎを
- 地元医師会が情報共有の相談窓口を設けるケースも

対医療連携
インテーク・契約段階からの連携実務

ケアマネとしては、利用者との最初のかかわりからが対医療連携のスタート。具体的な実務を再確認しましょう

意見書作成の主治医以外にも情報源を確保する

　利用者の多くは、さまざまな医療機関とかかわっています。要介護認定時に意見書を記す主治医だけではなく、疾患の種類によっては、複数の医療機関ごとに担当する医師が異なる場合もあり、それぞれが利用者の既往歴の大切な情報源となります。

　こうした利用者の既往歴の情報をもっているのは、医師だけではありません。かかりつけの歯科医師や薬局の薬剤師など（以下、主治医など）も同様です。こうした利用者の主治医などを確認し、**いつでも情報が得られる関係を築く**ことが大切です。

　もちろん、情報を得ることで個人情報使用の同意書が必要です。

現疾患でのかかわりがない「過去の主治医など」との連携も

　現疾患と関係ない主治医などでも、もしものときに連携を図りたいケースがあります。たとえば、がんなどの病気の場合、いったん根治したようにみえても数年後に再発することがあります。そうした場合、**過去にかかわりのあった医師と連絡をとり、現在わかっている既往歴以外の情報を入手する**ことも必要になります。

　なお、2018年度改定では、インテーク時での対医療連携に関して、ケアマネの運営基準に「利用者に対してお願いすること」の項目がプラスされました。

　具体的には、仮に利用者に緊急入院などが必要になった際、「**入院先の医療機関に対して、担当するケアマネの氏名、連絡先を伝えてもらう**」ということです（救急搬送時に、救命士に伝えることも含む）。この内容を重要事項説明書に記すことはもちろん、たとえば搬送先の医師に示す「緊急連絡先」のなかに、担当ケアマネの連絡先も併記してもらうこともお願いしたいものです。

インテーク時の「対医療連携」を想定した対応

2018年度の基準改定の新設項目
（運営基準第4条の3より）

居宅介護支援事業者は、居宅介護支援の開始に際して、利用者および家族に以下のことを求める。「利用者が病院・診療所に入院する必要が生じた場合には、担当ケアマネの氏名・連絡先を当該の病院・診療所に伝えてもらうこと」

基準改定で必要になったこと、もしくは望まれること
- インテーク時に口頭で説明するだけでなく重要事項説明書にも明記する
- 担当ケアマネの氏名・連絡先を記した名刺などを、介護保険証やお薬手帳などと一緒に保管してもらうようにお願いする
- 救急搬送されるケースなどを想定し、自治体などで配布している救急医療情報キットのシートに担当ケアマネの連絡先も併記してもらう

利用者の既往歴を確認する際には、以下の点にも注意！
- すでに根治した病気でも、当時の担当医の連絡先などを確認
- 家族が過去に大病している場合、その際の主治医の情報も聞く
- 歯科医やかかりつけの薬剤師にかかる情報も忘れずにチェック

ココがPOINT！
- インテーク時、担当ケアマネの名刺を渡す際には介護保険証やお薬手帳などと一緒に保管してもらう
- 利用者の過去の既往歴や家族の病歴についても確認

PART 8 応用編　医療機関との連携で必要な実務

対医療連携

在宅での「平時」からの連携実務

2018年度の基準改定で大きく変わった点のひとつが、「平時」からの主治医などとの連携強化が図られたことです

利用者の服薬、口腔、心身などの情報を主治医などに提供

　居宅介護支援事業の人員・運営基準の第13条の13項では、利用者のモニタリングに関する責務が記されています。2018年度改定では、この13項に「2」がプラスされました。

　その内容は、「ケアマネ自身のモニタリング情報＋サービス事業者から提供された情報」を、利用者の同意を得たうえで、**必要に応じて主治医や歯科医、薬剤師に提供する**というものです。具体的にどんな情報を提供するかといえば、利用者の服薬状況、口腔機能、そのほかの心身または生活に関する情報となっています。

　「必要に応じて」というのは、厚労省通知によると「主治医や歯科医師、薬剤師の助言が必要とケアマネが判断した」ケースのことです。また、情報提供に際しては「利用者の同意を得る」ことが前提です。具体的には、インテーク時に**個人情報活用の同意書の取得と「情報提供」について記した重要事項説明書の交付**をきちんと行わなければなりません。同時に、情報提供時にも、その旨を利用者に伝えておきましょう。

面談を基本としつつも、ICTなどの活用も有効に

　主治医などに伝える情報については、次ページを参照してください（厚労省通知より）。ここでもうひとつ考えたいのが、情報を伝える「手段」についてです。

　主治医などからの助言を得るには、やはり面談が基本となるでしょう。ただし、主治医などは普段は忙しく、面談のスケジュールが調整できないこともあります。そこで、連携推進事業で整備されている**ICT（例：クラウド上に利用者ごとの情報をやりとりするなど）のしくみなどがあれば、その活用**なども望まれます。

必要に応じて主治医に伝える情報とは？

主治医に伝える情報
（老企発第22号の改定に関する厚労省通知より抜粋）

・薬が大量に余っている又は複数回分の薬を一度に服用している
・薬の服用を拒絶している
・使いきらないうちに新たに薬が処方されている
・口臭や口腔内出血がある
・体重の増減が推測される見た目の変化がある
・食事量や食事回数に変化がある
・下痢や便秘が続いている
・皮膚が乾燥していたり、湿疹などがある
・リハビリテーションの提供が必要と思われる状態にあるにも関わらず、提供されていない状況

> 服薬や口腔、栄養状態にかかる項目が中心である点を考えると支援経過記録に以下のようなシートを加えておく方法も

■ 利用者の服薬などの情報をまとめるシート　ダウンロード対応

○○○○様の服薬・口腔・栄養などにかかる情報

日時	服薬の状況	口腔の状況	栄養の状況	そのほか（皮膚などの状況）

※自身のモニタリングのよる情報以外の場合、情報がもたらされたサービス事業所も記しておく

ココがPOINT！
- 在宅における平時から利用者の状態変化について主治医などへの情報提供が義務づけられた
- 主治医「など」にはかかりつけの薬剤師も含まれる

対医療連携

利用者入院時の医療機関との連携

利用者が入院という場合、ケアマネがするべきことは？ 入院時情報連携加算にかかる実務などを取り上げます

入院時情報連携加算が情報提供日数での区分に

　担当する利用者が入院することになった場合、ケアマネから医療機関への情報提供が介護報酬上で評価されます。それが入院時情報連携加算（ⅠとⅡの2区分）です。

　2018年度改定では、この加算の取得要件が以下のように一部変更となりました。

　①情報提供の方法（面談か否か）による区分は廃止。つまり、ICT活用などによる情報提供でも高加算のⅠの取得が可能になりました。②代わりに、利用者の入院日数で算定区分が設けられます。3日以内でⅠ、3日を超え7日以内でⅡとなります。

診療報酬側の入退院支援加算との関連に注意

　なぜ日数で報酬差をつけたかといえば、診療報酬側の入退院支援加算の算定要件にある「退院困難な患者のスクリーニング」の日数が、①入院から3日以内、②3日を超え7日以内で区分されていることと関連します。当然、①のほうがスピード感を要する分、算定額は高くなります。

　患者が「退院困難であるかどうか」を把握するには、病態のみならず、**家屋環境が退院後の療養に適しているか、家族の介護力はどうか**といった情報も必要です。ここで居宅のケアマネからの情報（生活状態にかかる情報も含む）が重要になるわけです。

　具体的にどのような形での情報提供が必要となるのでしょうか。厚生労働省は、今回の入院時情報連携加算の見直しに合わせて、情報提供の様式を示しています。

　様式で示された項目では、本人のADL状況などに加えて、本人・家族の意向や今後の生活展望に関するケアマネの意見など、入院前のアセスメント情報やケアプランから反映できる情報があります。普段から記載についての研修などを行いましょう。

入院時情報連携加算の区分

- ●入院時情報連携加算Ⅰ（月200単位）
  入院後3日以内に医療機関へ情報提供
- ●入院時情報連携加算Ⅱ（月100単位）
  入院後7日以内に医療機関へ情報提供

いずれも情報提供の方法は問いません（面談以外にICTなどの活用によるものでも可）

具体的にどのような情報を提供するか？（厚労省提示の様式より）

①担当ケアマネの氏名・連絡先
②利用者（患者）基本情報
　氏名、住所、住環境、入院時の要介護度、認知症高齢者の日常生活自立度、障害高齢者の日常生活自立度、介護保険の自己負担割合、年金種類など
③家族の情報について
　家族構成（同居・独居もチェック）、主介護者の氏名・年齢
　キーパーソンの氏名・連絡先
④本人・家族の意向について
　本人の性格・趣味・関心領域など、本人の生活歴、入院前の本人・家族の意向
⑤今後の生活展望について（ケアマネの意見）
　在宅生活に必要な要件、家族の介護力、特に注意すべき点（特記事項）
⑥カンファレンスについて（ケアマネからの希望）
　院内多職種カンファレンス・退院カンファレンスへの参加希望など
⑦身体・生活機能の状況/療養生活上の課題について
⑧お薬について（必要に応じて「お薬手帳」のコピーを貼付）
　内服薬、居宅療養管理指導、薬剤管理、服薬状況、お薬に関する特記事項
⑨かかりつけ医について
　医療機関名、医師名と連絡先、診察方法（外来か訪問か）とその頻度

➡188ページ巻末資料用の入院時情報連携加算の様式例をチェック

対医療連携

入院中から退院時にかけての連携

利用者の入院中から退院（老健などからの入所・退所も含む）にかけて、医療機関との連携で必要なことは何でしょうか

利用者の入院中も医療機関との情報の共有を

　利用者の入院中、ケアマネジメントは停止するわけですが、退院後の生活を見すえた準備を整えておく必要があります。具体的には、**入院先の医療機関に足を運んだり、利用者の状態をチェック**したり、**地域医療連携室の担当者と情報交換**を行います。

　たとえば手術などが行われた場合、地域医療連携室のMSWなどから術後の様子を聞き、予後が安定したタイミングで本人との面会（あるいは病棟看護師への取り次ぎ）を打診します。利用者との面会時には、退院後の生活を想定しながら、**本人の意向などを確認**しておきましょう。

退院・退所加算では退院カンファレンス参加への評価UP

　MSWなどとの情報交換に際しては、だいたいの退院予定を聞き、退院時カンファレンス（診療報酬側の退院時共同指導加算2のカンファレンス）が開催される際には**出席できるように依頼**しておきます。ちなみに、2018年度改定では、退院・退所加算の「カンファレンス参加」と「退院後の初回プラン作成」にかかる評価が上乗せされました。また、退院・退所加算の見直しにともない、医療機関からの情報を記録するシート様式も見直されました。変更後は「本人・家族の（病気に対する）受け止め方」などが追加され、ケアプラン作成時の意向把握に反映できる情報も受け取れます。この流れについては、老健に入所した利用者が在宅復帰する場合も同様です。

　なお、患者の退院にともなって新規で介護保険を使う場合、本人・家族の意向をくんだ医療機関から居宅介護支援の依頼がくることがあります。医療機関が介護支援等連携指導料を算定している場合は、ケアプラン原案に必要な情報提供も行われます。

退院・退所加算で必要なこととは？

退院・退所加算に必要な要件
- 利用者の退院・(老健等からの)退所にあたって、その医療機関・老健等の職員と面談
- 利用者に関する必要な情報を得たうえでケアプランを作成
- 退院・退所後の介護サービス利用の調整を行う

退院・退所後の初回プラン作成時の手間も「退院・退所加算」に含まれているという解釈から、初回加算との同時算定はできない

	カンファレンス参加 無	カンファレンス参加 有
連携1回	450単位	600単位
連携2回	600単位	750単位
連携3回	—	900単位

この場合のカンファレンスは、診療報酬側の退院時共同指導加算2の注3に該当するもの

上記カンファレンスの参加者
- 医療機関側…医師、看護師など
- 在宅側…ケアマネのほか、在宅の医師・看護師、歯科医師、歯科衛生士、薬剤師などのうち2名以上

退院・退所加算の算定に際し、医療機関などから受け取る情報

① **今回の入院概要**
   入退院日、入院原因疾患、入院先医療機関、退院後の通院先

② **疾患と入院中の状況**
   現疾患の状況、既往歴、食形態区分、義歯、移動・入浴・排せつの状況
   ※そのほかの入院中の状況については、巻末資料(190ページ参照)

③ **本人や家族の受け止め・意向**
   病気・障害・後遺症についての受け止め方、退院後の生活の意向

④ **退院後に必要な事柄・状況の事実とその見通し**
   ※詳細については、巻末資料(190ページ参照)

⑤ **症状・病状の予後予測**

⑥ **退院にあたっての日常生活の阻害要因**
   心身の状況・環境など

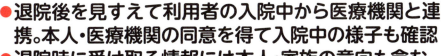

- 退院後を見すえて利用者の入院中から医療機関と連携。本人・医療機関の同意を得て入院中の様子も確認
- 退院時に受け取る情報には本人・家族の意向も含む

対医療連携

末期がん利用者の
ターミナル期

末期の悪性腫瘍（末期がん）の人のターミナル期に対しては、新たな加算創設や基準の見直しが行われています

末期がん利用者のサ担会議を簡略化できるケース

　末期がんの利用者の場合、状態が比較的落ち着いていても、ターミナル期（看取り期）が近づくと生活機能が急速に変化するタイミングが訪れます。その際は、本人・家族の意向や課題も大きく変動し、頻繁なプラン見直しが必要です。

　「軽微な変更」以外ならば、そのつどサ担会議も開かなければなりません。この手間を軽減するため、2018年度改定では一定の条件を満たすと、プラン見直しに際してサ担会議を簡略化（担当者への意見照会などでOK）できる基準改定が行われました。

　サ担会議が簡略化できるための条件は、以下のとおりです。まず、末期がんの利用者について、①日常生活上の障害が1カ月以内に出現すると主治医などが判断すること。②①の主治医などの助言を得たうえで、ケアマネがサービス担当者からの意見を必要と判断すること。③「日常生活上の障害」が出現する前にサ担会議を召集して、予測される状態変化と支援の方向性を共有しておくことです。

ターミナルケアマネジメント加算について

　なお、末期がんの利用者が在宅で亡くなった場合、以下の要件を満たす場合にターミナルケアマネジメント加算（月400単位）が算定できることになりました。

　①24時間の連絡体制と、必要に応じて居宅介護支援が提供できる体制を確保していること（この体制要件については、事前の届出が必要）。②本人・家族の同意を得たうえで、死亡日および死亡日前14日以内に2日以上利用者宅を訪問し、主治医などの助言を得ながら状態把握・支援などを行う。③把握情報を支援経過記録に残し、サービス担当者と共有することです。

末期がん利用者における留意点

■ ターミナル期のサ担会議について

主治医から「1カ月以内に日常生活上の障害が出現する」という予後にかかる判断が出される

↓

主治医の助言を得たうえで、サ担会議を召集し、予測される状態変化と支援の方向性を共有。担当者の意見を求める

状態変化後のケアプラン変更に際して
サ担会議の開催を簡略化できる（運営基準第13条の9より）

■ 末期がん利用者に対するターミナルケアマネジメント加算

体制要件
① ターミナルケアマネジメントを受けることについて、利用者から事前に同意を得る
② 24時間連絡できる体制を確保
③ 必要に応じて居宅介護支援を提供できる体制を確保

→ 事前に、この「体制要件」について保険者に届け出ることが必要

実施要件
① 本人の死亡日および死亡日前14日以内に2日以上（本人・家族の同意を得て）利用者宅を訪問
② 利用者の状況を記録し、主治医などに提供

→ **ひと月につき400単位**
利用者の居宅を最後に訪問した月と、死亡月が異なる場合は、死亡月で算定

ココがPOINT!
- ターミナルケアマネジメント加算には、事前に体制要件をクリアしたうえで保険者に届け出ることが必要
- 会議は簡略化しても担当者間の情報共有はしっかり

対医療連携

利用者の看取り時の連携について

末期がん以外での「看取り」に際しては、ケアマネとして誰とどのように連携していくことが必要でしょうか

最期まで「その人らしく生き切ってもらう」ために

　前項で、末期がんの利用者のターミナル期対応について述べました。しかし、末期がん以外でも、看取りまでのケアマネジメントを担うケースは数多くあります。心疾患や老衰、認知症の進行によるケースもあるでしょう。老衰や認知症の進行では、口腔機能の衰えによって誤嚥性肺炎を発症して亡くなるといった例も見られます。

　いずれにしても、ケアマネとして目指すべきは、「最期までその人らしく生きてもらう」ことです。そのためには、先々を予測した準備が欠かせません。

　先々の予測に必要なのは、やはり主治医の情報です。とはいえ、「この先何が起こるのか」といった漠然とした質問をするだけでは、「ケアマネとして何を知りたいのか」が伝わらず、主治医とのやりとりもちぐはぐなものになってしまいがちです。

　大切なのは、**ケアマネなりに具体的な仮説を立てて、それについて主治医などにアドバイスを求める**ことです。たとえば、誤嚥性肺炎や脳梗塞の既往歴がある人に対し、「今の状態で再発した場合の重症化の程度」という具合に、一歩先を見すえた仮説が求められます。

看取りが近づく中でケアマネができることは？

　主治医から看取り時期の予測が出されるようになると、ケアマネとしては「もう自分ができることはない。後は医師と看護師にお任せ」となってしまいがちです。しかし、医師や看護師は目の前の医療処置などに集中している分、「人生の締めくくり」に向けた本人の意向や家族の心理に配慮できるのは、ケアマネ以外にいないこともあります。その人らしい看取りに向けて、次ページの表で取り組みを意識してみましょう。

「看取り」の前後で、ケアマネができること（例）

	何ができるか？	どんな効果があるか？
利用者本人に対して	人生の締めくくりにこそ出現する「新たな意向」(例：家族をもっと大事にしたい)を見逃さずに、それを支援する	「新たな意向」をかなえることが、最期まで、その人らしく「生きる」ための原動力となる
	最期まで、少しでも「自分でできること」を維持する自立支援のケアマネジメントを実践する	「できること」を維持することで、家族との思い出づくりの機会も拡大する
	本人と一対一になる機会も作り、家族の前では口にしづらい「つらさ」や「不安」に耳を傾ける	「家族に迷惑をかけたくない」という思いからいいたいことを我慢してしまうことも。そこから生じる孤独感を緩和
家族に対して	本人なりに「最期までしようとしていること」を伝えて、家庭内での本人の役割を大切にしてもらうことをうながす	看取りが近づくことで、本人との距離感がとりにくくなる家族に対して、最期まで本人に寄り添うという意思につながる
	看取りが近づくと、家族は疲労を表に出したがらないので、家族の体調などに特に気を配りつつサービスを再編成	家族のレスパイトは、本人の「迷惑をかけたくない」という思いにも合致し、意向を実現するうえで大切なポイントに
	複数のサービス担当者を通じて、「家族は本当によくやっている」という評価が耳に入るようにする	看取り後に、家族の中に「もっとできることがあったのでは」という悔みが生じやすいので、事前にそれを緩和する
主治医やサービス担当者に対して	打合せなどを通じ、看取りに向けた本人や家族の意向がどう変化しているかについてきちんと伝えておく	本人・家族と「どうコミュニケーションをとればいいかわからない」という担当者もいるので、意識共有を図っておく
	看取り後に、ケアマネ主催で「ケアチームによる振り返り」の機会を設ける	プロでも「やり残した感」が生じることもあるので、お互いで「やったこと」を承認し、地域の中での次の結束につなげる

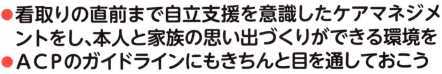

- 看取りの直前まで自立支援を意識したケアマネジメントをし、本人と家族の思い出づくりができる環境を
- ＡＣＰのガイドラインにもきちんと目を通しておこう

知っておきたい！

Q 医師との連携はどうにも苦手。どうしたらいい？

まずは、自分のなかの苦手意識を払しょくする機会を

　ケアマネ業務の中で、対医療連携がますます大きな比重を占めています。しかし、（特に福祉職出身の）ケアマネのなかには、「主治医などと密接な連携を図るのがどうにも苦手」という人も少なくありません。

　この悩みを解消するには、二つのポイントがあります。

　ひとつめは、医療職に対する「自分の中の苦手意識」を払しょくすることです。こちらが何となく苦手意識をもつと、それが卑屈な態度などにつながり、相手との間に壁をつくってしまいがちです。これを解決するには、多くの医療職とざっくばらんに話せる機会をもつことが必要です。

　具体的には、在宅医療・介護連携推進事業で開催される「多職種による共同研修」に積極的に参加することです。そうした場に参加する医療職は、「これからはケアマネとの連携が大切」という問題意識が高く、参加するケアマネとしっかり情報交換をしたいという熱意があります。つまり、「話しやすい医療職」と接することで、自分のなかの医療職に対するハードルを下げられます。

担当医に「取り次いでくれる人」とのつながりが大切

　二つめは、医療機関内で「医師に取り次いでくれる人」との関係を築くことです。たとえば、担当する利用者の主治医がいる病院には、いち早く足を運び、地域医療連携室のMSWや看護職と顔つなぎをしておきます。

　そのうえで、「担当医の〇〇先生と連絡をとるには、どのような手続きを踏めばよいか（電話の場合、外来診療などが終わる時間帯に取り次いでもらえないか）」などを確認します。医療機関側の都合を把握することが大切です。

PART

9

応用編

サービス事業者との連携で必要な実務

対サービス連携

訪問系サービスとの連携実務

利用者の生活は刻々と変わります。プラン見直しのタイミングを逃さないためには、訪問系との連携がカギとなります

訪問介護　基準改定によるサ責の責務強化に注意

　2018年度に訪問介護の運営基準が改定され、サービス提供責任者（以下、サ責）のケアマネへの対応に、以下のように新たな責務や規制が設けられました。

　①現場のヘルパーによる、利用者の服薬や口腔、その他心身の状況についての気づきをケアマネに情報提供する。②ケアプラン上に位置づけられた訪問介護の標準時間と、実際の提供時間に大きなズレがある場合、サ責はその旨を記録し、ケアマネに連絡する（ケアマネは、ズレが生じないようにプランの見直しを図る）。③担当ケアマネに対して、自事業所のサービス利用への不当な働きかけを行ってはならない。

定期巡回・随時対応型　リアルタイムでの情報共有を

　定期巡回・随時対応型では、計画作成担当者の配置が義務づけられています。計画を作成する際には、やはり利用者へのアセスメントが必要です。また、随時対応等を経て、ケアプランの変更が必要と判断した場合、その旨がケアマネに伝えられます。

　いずれにしても、アセスメント情報やプラン変更が打診される事情について、担当ケアマネとの間でリアルタイムに近い情報共有が必要で、ICTの活用など、情報共有の手段について事業者側との間で標準化（ルール化）を図っておきましょう。

　ほかにも、訪問看護では、事業者が24時間連絡体制などを確保している場合、緊急時での計画外の訪問を行うことがあります。「緊急時」は利用者に大きな状態変化が起こっているケースが多く、ケアマネ側もサービス提供時の様子について素早い情報共有が欠かせません。こちらも事業者と共有の手段を取り決めておきましょう。

サービス事業者（訪問系）とのやりとりについて整理する

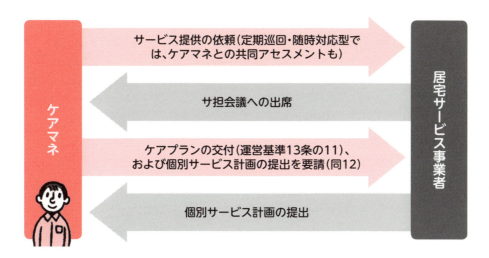

■居宅サービス事業者との連絡調整（運営基準13条の13）の際の留意点

❶ 情報提供のタイミング（定期・随時の情報提供について）
❷ 情報提供に際しての手段（面談・FAX・eメール、ICT等）
❸ 法令上で定められている提供情報の確認
　例：訪問介護の場合、訪問介護側の、運営基準第28条3項の2の2に関する内容
❹ 情報提供で使用する様式について（シート類のすり合わせ）
　例：定期巡回・随時対応型の場合、「随時対応の具体的内容」「定期巡回・随時対応時の経過記録」など
❺ 居宅サービス事業者側からケアマネに対して、「プラン変更の必要性」を提案する場合の連絡方法・タイミング

ココがPOINT!
● 訪問介護のサ責による「不当な働きかけの禁止」は、ケアマネとサ責が同一法人である場合などで特に問題となりがち。注意を！

対サービス連携
通所系サービスとの連携実務

生活機能の向上や栄養改善などの取り組みが進む中、現場で把握された情報を円滑にキャッチすることが必要です

通所介護　自立支援に向けた取り組み強化に注目

　通所介護では、2018年度の報酬改定で「自立支援・重度化防止」に資する加算がいくつも誕生しました。たとえば、利用者の低栄養リスクを把握する取り組みを評価した「栄養スクリーニング加算」、ADLの維持・改善にかかるアウトカム（結果）を評価した「ADL維持等加算」。加えて、外部のリハビリ職等との連携による「生活機能向上連携加算」が、訪問介護以外のサービスにも拡大し、通所介護にも適用されることになりました。

　こうした取り組みを通じて把握された情報を、いかに共有するかが問われます。

　上記のうち、栄養スクリーニング加算については、利用者ごとに把握された栄養状況は担当のケアマネに伝えることが要件となっています。

　問題はそれ以外の加算にかかる取り組みで得られた情報です。特に生活機能向上連携加算については、通所介護側の職員とリハビリ職が共同で個別機能訓練計画を作成し、3カ月ごとに評価するとともに必要に応じて見直しも行います。ここでケアマネが関与しないと、プラン変更のタイミングなどを逸してしまいかねません。あらかじめ、「評価と計画見直しの際には連絡をもらう」という取り決めをしておきましょう。

通所リハビリ　リハビリ会議への参加などを頭に入れる

　通所リハビリで「リハビリ・マネジメント加算Ⅱ」を取っている場合、多職種によるリハビリ会議の開催が要件です（訪問リハビリも同様）。この参加者となる多職種の中には、利用者を担当するケアマネも含まれます。出席のための日程調整や事前情報の入手などがスムーズになるよう、事業者との事前の取り決めはしっかりと。

通所介護の2つの加算の要件

■ 栄養スクリーニング加算

STEP1 同加算を取得する通所介護事業所であることをサ担会議で確認

STEP2 通所介護事業者が、以下の利用者がいるかどうかを確認
①BMIが18.5未満　②6カ月以内に3%以上の体重減少
③基本チェックリストのNo.11「6カ月間で2～3kg以上の体重減少」に該当
④血清アルブミン値が3.5g/dl以下　⑤食事摂取量が不良(75%以下)
※STEP2に該当する利用者について、栄養改善加算を同月で算定できる

STEP3 STEP2の情報を担当のケアマネへ提供

> 利用者の栄養状態の改善に向けたケアマネジメントへと活かす

■ 生活機能向上連携加算(訪問介護も同様)

STEP1 通所介護側は誰と連携するのか？
以下に所属するPT・OT・ST、または医師(以下、PT等)
①通所・訪問リハビリ事業所
②リハビリを実施している医療提供施設(病院のほか、老健、介護療養病床、介護医療院含む。病院の場合は許可病床数が200床未満、または半径4km以内に診療所が存在しないこと)

STEP2 STEP1のPT等と共同で何をするのか？
①アセスメント　②利用者の心身等状況の評価　③個別機能訓練計画の作成
※なお、STEP1のPT等から日常生活上の留意点等について助言を受ける

STEP3 STEP2の③について
①担当ケアマネの意見も踏まえて作成
②3カ月に1回以上、計画の進ちょく状況を連携するPT等と共同で評価
③②の評価について、利用者や家族に説明する
④②にもとづいて、必要に応じて計画を見直す

> 個別機能訓練計画の作成時だけでなく、その見直しに際してもケアマネとして積極的に連携を図りたい(その旨を事業所側に伝えておく)

ココがPOINT!
● 個別機能訓練の見直しなど、タイミングを把握しておかないと「ケアマネが知らない間に援助内容が変わっている」という状況にもなりかねない

対サービス連携

短期入所系サービスとの連携実務

家族のレスパイトという点で重要な短期入所系。急なニーズへの対応や利用後の状態悪化を防ぐ手立てなどが課題

短期入所生活・療養介護　利用前の情報共有をしっかりと

　地域や時季によっては空きベッドに限りがあり、頼りにしている事業所が使えないこともあります。そうなると、いきなり初の事業所を使わざるを得ず、利用者の意向や状態像、ケアの方針などにかかる事前情報が十分に共有されないケースも起こり得ます。事前情報がうまく伝わらなければ、利用者の状態が悪化したり、機能訓練中などに事故が発生するリスクも高まります。そこで、利用者が短期入所系サービスを使うことが想定される場合、アセスメント情報やケアプランに支援経過記録なども加え、「短期入所側に手渡す資料」としてあらかじめまとめておきましょう。担当者と面談しつつ、**ケアに際しての注意点なども共有**します。

各種サービスの短期利用　ケアマネ判断が必要になることも

　短期入所系の資源が地域で足りない場合、GHや特定施設入居者生活介護の短期利用も大きな支えとなります。こうした各種短期利用については、資源拡充のために2018年度改定で定員基準の緩和が行われました。

　たとえば、GHにおいて一定条件のもと「定員を超えての受け入れ（7日を限度）」が可能となりましたが、その条件に、ケアマネが緊急に「利用が必要」と認めることが含まれています。**支援経過記録に「利用が必要」な理由などを明記**しておきましょう。

　通所介護事業所が運営する「宿泊サービス」（以下、お泊りデイ）も、短期入所系サービスを補完する資源のひとつです。介護保険外事業ではありますが、劣悪なサービスが増えないよう国によるガイドラインも示されています。このガイドラインに目を通しつつ、**地域に「お泊りデイ」ができた場合は、事前に見学**しておきましょう。

短期入所系サービスを利用する際、ケアマネから事業者への情報提供シート

ダウンロード対応

短期入所利用に際しての情報提供書

○○○事業所・ご担当御中

このたび、○年○月○日〜○月○日（○泊○日）の予定で、○○○様の短期入所利用をお受けいただきありがとうございます。つきましては、○○様の入所中のサービスに関しまして留意いただきたいこと等、以下のとおり情報提供させていただきます。何卒、よろしくお願いいたします。

○○居宅介護支援事業所
担当介護支援専門員○○○○

ご利用者氏名	ご利用者の住所・連絡先
○○○○様　男性・○歳	○○県○○市
緊急連絡先　○○○-○○○-○○○ ※同居外家族や主治医、担当ケアマネの連絡先を記す	要介護度　　　　　　　　　　　要介護3 認知症日常生活自立度　　　　　Ⅱb 障害高齢者日常生活自立度
ご利用者の疾病や服薬の状況について	
ご利用者の趣味・趣向生活歴等について	
短期入所を利用するにあたってのご本人・ご家族の意向について	
入所中の生活および 機能訓練等にかかる留意事項	
その他、特記事項	

PART 9　応用編　サービス事業者との連携で必要な実務

ココがPOINT！

● 地域によって短期入所資源が限られるなか、初の事業所とのやりとりでも「利用者の事前把握」がしっかり行われるよう、ていねいな情報提供を

対サービス連携
環境整備系サービスとの連携実務

福祉用具貸与や住宅改修に際して、事業者との間でどのようなやりとりが必要になるのかをまとめましょう

福祉用具貸与 2018年度改定で何が変わったか？

　福祉用具貸与については、2018年10月より「全国平均貸与価格の公表」と「貸与価格の上限設定」がスタートしました。また、4月から福祉用具専門相談員には、利用者に対して「上記の全国平均貸与価格を説明すること」や「機能や価格帯の異なる複数の商品を提示すること」が義務づけられています。

　もうひとつ義務づけられたのが、利用者に交付する福祉用具貸与計画書をケアマネにも交付することです。今までも「交付を受けていた」というケースも多いでしょうが、これにより、ケアプラン上の課題や目標にマッチした計画であるかを確認します。

　また、貸与された機器が利用者にとって「使いづらい」といったケースでは、機器の交換も考えなければなりません。随時のメンテナンスなども必要になるでしょう。こうしたケースで対応が遅れたりすれば、特に重度者などの生活には大きな影響が及びかねません。そこで、事業者選択の際には、（利用者の意向も交えつつ）**いざという時に休日や夜間でも「対応できるかどうか」を確認**しておくことが望まれます。

住宅改修 厚生労働省が示す見積り様式を確認しておく

　2018年度の改定により、介護保険による住宅改修を望む利用者に対し、ケアマネ（予防給付の場合は包括）は、「複数の事業者から見積りを取る」ことをアドバイスすることになりました。また、見積りに際しての様式が、厚生労働省より示されています。

　住宅改修費は自己負担も他サービスに比べて大きくなりがちです。2～3割負担に該当する利用者には、**見積りから算出した自己負担額もきちんと示しましょう。**

ケアマネと福祉用具専門相談員、利用者とのやりとり

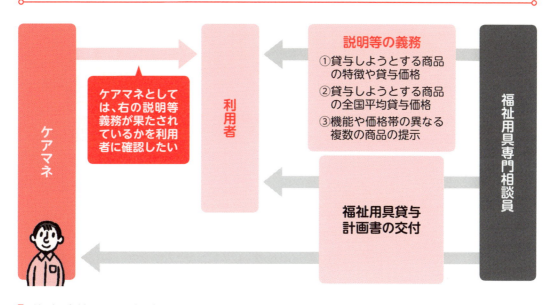

■ 住宅改修で、18年度から示された見積り様式

住宅改修の種類（※1）	写真等番号	改修場所	改修部分	名　称（※2）	商品名・規格・寸法等	介護保険対象部分				算出根拠
						数量	単位	単価	金額	
				（材料費）						
				（施工費）						
				小計						
				諸経費						
				合計						
				消費税						
				総合計						

（※1）住宅改修の種類：　（1）手すりの取付け（2）段差の解消（3）滑りの防止及び移動の円滑化等のための床又は通路面の材料の変更（4）引き戸等への扉の取替え（5）洋式便器等への便器の取替え（6）その他住宅改修に付帯して必要となる改修

（※2）名称：　材料費、施工費、諸経費等を分けて記載すること

対サービス連携

施設等管轄外サービスとの連携実務

利用者が介護保険施設等との間で入退所する場合など、管轄外ではあっても情報連携が必要になるケースがあります

介護保険施設 退院・退所加算を算定する際の実務

　特養ホームや介護老人保健施設（以下、老健）などの介護保険施設（地域密着型の特養含む）から、利用者が在宅に戻る場合、バトンタッチする居宅介護支援事業所には、退院・退所加算が算定できます（算定実務は148ページ参照）。

　対施設でも、ポイントは対医療機関と同じ。つまり、施設側が主催する**カンファレンスなどに参加し、そこで得た情報をもとにケアプラン作成を行う**という一連の情報連携です。利用者がその施設で、どのような意向のもとにどんな生活を送っていたか、ほかにも機能訓練等での留意事項などをしっかりと把握し、プランに反映します。

　退院・退所加算で、特に算定機会が多くなるのが、在宅復帰機能が強化された老健です。老健の場合、2018年度からは「基本型」の施設でも退所時指導等が強化されました。退所時の本人・家族への在宅療養の指導だけでなく、退所後（30日以内）に担当者が居宅を訪問し、生活状況の把握や担当ケアマネとの情報連携が必要となったわけです。ケアマネとしても、在宅復帰後も（入所していた）老健側とのやりとりが継続することを頭に入れておきましょう。

小規模多機能型居宅介護等 連携加算の算定にかかる実務

　利用者が小規模多機能型居宅介護（看護小規模多機能型含む）を利用することになった場合、連携加算の算定が可能です。居宅側のケアマネが事業所に出向き、居宅での情報を提供しつつ事業所側のサービス計画作成に協力することが要件となります。

　居宅がベースとなる点は変わらないので、利用者の「していた生活」にかかる課題、目標設定など、居宅のアセスメントやケアプランが活かせる部分は多いでしょう。

介護老人保健施設で「基本的」に必要になった実務

退所時指導等

退所時指導
入所者の居宅への退所時に、本人・家族等に対して、退所後の在宅における療養上の指導を行っていること

本人「退所」後のケアマネ側の対応
どのような指導が行われたかについて、退所前カンファレンス等で確認。在宅のケアプランに反映させる

退所後の状況確認
入所者の退所後30日（※）以内に、その居宅を訪問するか、担当ケアマネから情報提供を受けることで、在宅生活が1カ月（※）以上継続する見込みであることを確認し、記録すること
※要介護4・5は2週間

本人「退所」後のケアマネ側の対応
本人の在宅復帰後も、その状況について老健側と情報共有を図ることが必要に。再入所まで視野に入れた密接な連携を

▎小規模多機能型居宅介護事業所（看護含む）連携加算

利用者が小規模多機能型の利用を開始する（つまり、居宅介護支援の管轄から外れる）というケース

↓

利用者にかかる必要な情報（居宅のアセスメント情報、ケアプラン、支援経過記録など）を提供し、小規模多機能型のサービス計画作成に協力　　**300単位**

ココがPOINT!
- 居宅介護支援の管轄外サービスとの間でも、利用者の円滑な移行を進めるためにさまざまな連携実務が必要。老健退所後も、施設側との連携機会がある

利用者が遠方に移住する場合の実務は？

他市区町村への転居により、給付管理上も影響が

　担当していた利用者がほかの市区町村に引っ越す場合、担当するのは、移転先の市区町村のケアマネとなります。つまり、転居にともない、利用者との契約は終了するわけです。当然、ほかのサービス実績も契約終了となるので、たとえば月半ばで転居となれば、給付管理上も影響が出てきます。

　そうした点を考えたとき、あらかじめ重要事項説明書に、「他市区町村への転居に際しては事前にケアマネに連絡してもらう」旨を記しておきましょう。

転出・転入の際の手続きはわかりやすく整理して説明

　さて、他市区町村への転居となれば、保険者が変わることになります。その際の手続きについて、利用者から相談を受けるケースも多いでしょう。

　まず、「転出」と「（転居先での）転入」についての手続きを整理します。「転出」に際しては、転居前の市区町村窓口に介護保険被保険者証を返納し、介護保険受給者証を発行してもらいます。負担限度額認定証や負担割合証の交付を受けている場合には、これらも返納することになります。

　「転入」に際しては、上記の受給者証を転居先の市区町村窓口に提示して、新たな介護保険被保険者証を発行してもらいます。その際、転居前の要介護認定も自動的に引き継がれます。ただし、「要介護認定の引継ぎ」は、転入から14日以内となるので手続きは速やかに。この日数をオーバーしてしまうと、改めて要介護認定を受け直すことが必要で、その間の介護給付は償還払い（いったんサービス費用を全額支払って、後で払い戻してもらう）となります。

　こうした手続きについて、きちんと説明できるようにしておきましょう。

PART 10

応用編

保険者との連携やそのほかの実務

対保険者実務

市区町村への指定権限の移行

2018年4月から、居宅介護支援の指定権限が市区町村（保険者）へと完全移行しています。注意点はどこに？

市区町村に指定取り消しの権限も移ることに注意

　2018年4月より、居宅介護支援事業所の指定権限が「都道府県から市区町村へ」と完全移行しています（指定都市、中核市については、それ以前から移行済み）。これによって、事業者としては何が変わっていくのでしょうか。

　制度変更の前から、市区町村によっては、「居宅介護支援事業所の指導・監査」は行われてきました。ここに、勧告や命令、指定の取り消し・効力停止の権限も加わりました。事業者としては、身近な市区町村との間で、今まで以上に「法令遵守」について、見解のすり合わせが必要です。たとえば、法令上の疑問点などがあった場合には、（市区町村側の）どの担当者に確認すればよいかを明らかにしておきましょう。

　なお、ケアマネに対する指導権限は都道府県のままですが、指定都市については、その市区町村が指導権限を有することになりました。

2019年4月から条例に基づく新たな運営基準!?

　さらに注意したいのが、指定権限の移行にともない、居宅介護支援の運営基準を市区町村の条例で独自に定められるようになったことです。

　ただし、市区町村による条例制定は、2019年3月末まで経過措置が設けられています（それまでは、都道府県条例によって定められた基準を「市区町村条例による基準」とみなします）。つまり、2019年4月からは、地域によっては新しい条例のもとで居宅介護支援の運営を行わなければならない可能性もあるわけです。

　現在、自分たちの市区町村でどのような条例が制定されているか（あるいは、制定されようとしているか）を、今からチェックしておきましょう。

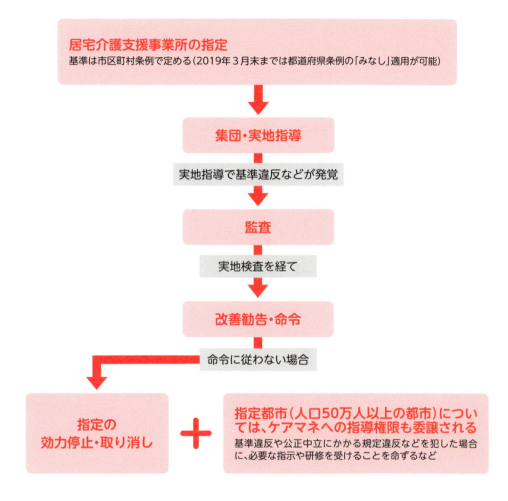

2018年4月から市区町村に加わる権限

居宅介護支援事業所の指定
基準は市区町村条例で定める（2019年3月末までは都道府県条例の「みなし」適用が可能）

↓

集団・実地指導

実地指導で基準違反などが発覚

↓

監査

実地検査を経て

↓

改善勧告・命令

命令に従わない場合

↓

指定の効力停止・取り消し

＋

指定都市（人口50万人以上の都市）については、ケアマネへの指導権限も委譲される
基準違反や公正中立にかかる規定違反などを犯した場合に、必要な指示や研修を受けることを命ずるなど

ココがPOINT！

- 居宅介護支援事業の指定権限などが市区町村になったことで、運営基準などは市区町村条例で設定
- 指定都市ではケアマネへの指導権限も

対保険者実務

指導や監査、ケアプランの点検

実地指導・監査に加え、保険者主催によるケアプラン点検などの実施も増加中。その対処について整理を

集団・実地指導はどのように行われるのか？

　居宅介護支援事業所に対して、市区町村による集団・実地指導、監査が行われます。
　集団指導は、地域の事業所を集めて法令遵守などの指導を行うもので、開催日程は事前に伝えられます。欠席するとすぐに実地指導が行われるケースもあるので注意。
　一方、実地指導は、保険者の担当者が個別の事業所を訪問する形で行うものです。おおむね6年の指定期間中に1回という頻度となります。だいたい1カ月前に、指導を行う旨の連絡が保険者から伝えられます。指導の具体的な内容や、事前に用意するものについては、次ページの図を参照してください。
　その実地指導で、基準違反などが認められた場合には、監査が行われます。そのうえで改善勧告・命令が行われ、なおも是正されない場合は指定効力の停止、さらに指定取り消しの行政処分につながることになります。

市区町村によるケアプラン点検もさらに増えていく

　ところで、実地指導とは別に、介護給付等費用適正化推進事業のひとつとして保険者によるケアプラン点検が行われることがあります。これは地域支援事業の任意事業ではありますが、2018年度から市区町村が力を入れていく可能性があります。
　背景は、2017年の介護保険法などの改正で、保険者機能強化推進交付金（インセンティブ交付金）が設けられたことがあります。市区町村がこの交付金を受けるには、一定の物差し（評価指標）があり、そのなかに「ケアプラン点検をどの程度実施しているか（全国平均との比較）」という項目が含まれています。ケアプラン点検の詳細について、行政側の担当者に問い合わせておきましょう。

居宅介護支援の実地指導に際して用意するもの

おおむね6年に1回、実地指導に入る旨が伝えられる

事業者が事前に用意する書類

事前に提出する書類
※下記以外にも、市区町村条例によって独自提出のものも

- 従業者の名簿兼勤務表
  所属するケアマネ全員の「氏名」「勤務形態(常勤・非常勤など)」「資格取得・採用年月日」「月合計勤務時間(実績)」「取扱い件数」「兼務の場合の職種」
  そのほか、事業所の利用者の「契約数」「計画作成数」「生活保護受給者数」「予防支援受託件数」など

実地指導の当日用意する書類
※ほかにも、市区町村によって求められるものも。事前に問い合わせを

- 利用者に関する記録(ケアプラン)
- 介護報酬に関する資料(加算の各要件が確認できる資料、介護給付費等請求にかかる資料)
- 苦情・事故・研修にかかる記録
- 従業者に関する資料(出勤簿・タイムカード・資格証・雇用契約書・辞令など)

実地指導の結果、違反が認められた場合
居宅介護支援にかかる人員・運営基準、加算要件と照らし合わせたうえで違反などが認められた場合は、指示された期間内に改善報告書の提出が求められます(改善報告書の様式は、市区町村の担当部署のHPからダウンロードしてください)。

対保険者実務

頻回の生活援助についてのプラン届出

2018年10月より、頻回な生活援助を位置づけたプランについて、市区町村への届け出が義務づけられました

なぜ頻回な生活援助が必要かという理由を示す

　PART5の82ページで少しふれましたが、2018年10月から訪問介護を位置づけたプランについて、ケアマネ側に新たな義務が発生しています。

　具体的には、一定以上（厚労省が示す回数については、83ページの表を参照）の**頻回な生活援助をプランに位置づけた場合、そのプランを保険者（市区町村）に届け出る**ことです。届け出られたプランについては、市区町村が地域ケア会議などの場で「自立支援・重度化防止」の観点から検討を行います。

　なお、このプラン提出に際しては、「なぜ、頻回な生活援助が必要であるか」を示すことが必要です。とはいえ、別途理由書などを添付する必要はなく、プラン上（1・2表など）でその理由が明らかにされていればOKです。

プランの検討次第で「見直し」を促されることも

　頻回の生活援助についてのプランの検討は、多職種によって行われます。利用者の意向や課題について検証するわけですから、利用者や家族の同意を得ることはもちろん、場合によっては、その検討会議（地域ケア会議など）に同席してもらいます。

　利用者不在で「検討」が行われることは、本人の主体的な決定を妨げることになりかねません。プラン原案を作成する際、「頻回の生活援助」が位置づけられることになった時点で、利用者にその後の流れをきちんと説明することが必要です。

　なお、このプラン検討を通じ、場合によっては市区町村から「プランの見直し」を促されることがあります。これはあくまで行政指導なので、必ずしも従う必要はありませんが、事業所として「どう対応するか」を事前に取り決めておきたいものです。

「頻回の生活援助」をケアプランに位置づけた場合の手続き

対象となるのは、厚労省告示で示された回数（83ページ参照）以上の生活援助が位置づけられた月のケアプラン

例）日数が少ない2月のプランでは該当しないなどの場合は届け出の必要はない。翌3月分のプランで告示回数を上回った場合は、そのプランを3月末までに届け出る

市区町村には、何を提出すればいいの？

サ担会議を経て、利用者・家族の同意を経て確定したプラン（1～3表・6・7表）の写し。提出先は「利用者の保険者となっている市区町村」

届出の後で何が行われるの？

保険者が主催する地域ケア会議などで、多職種によってそのプラン内容が議論される。すでに動いている個別のプラン内容を議論するので、利用者や家族も同席できるよう手配したい

地域ケア会議などの議論に際して用意するものは？

利用者の状態像を把握するため、アセスメント情報などの提出を保険者から求められることもある

ココがPOINT!
- 「頻回の生活援助」を位置づけたケアプランの提出と検証。その支援が必要と判断したら堂々とのぞむ
- 当事者である利用者の議論への同席も図る

体制要件などについて
2018年度改定での管理者要件変更

2018年度の改定で、居宅介護支援事業所の管理者要件が見直しに。ケアマネの受験要件の変更にも注意

管理者要件が主任ケアマネに限定（経過措置あり）

　居宅介護支援事業所の人員基準については、次ページの表のとおりです。注意したいのは、2018年度の基準改定で、管理者要件が主任ケアマネに限定されたことです。これは、主任ケアマネの研修カリキュラムのなかに「人材育成」や「業務管理」の手法の修得が含まれていて、こうしたスキルを身に付けた人が管理者になることで、ケアマネジメントの質向上を進めるうえで有効とされたからです。

　ただし、主任ケアマネには更新制（46時間の研修）も導入されているので、一人ケアマネの事業所などでは、基準の遵守に支障が生じる可能性もあります。なお、この新要件については、3年間（2021年3月末まで）の経過措置が設けられています。

2016年度から更新研修も時間拡大しているので注意

　さて、ケアマネになるためには、実務研修受講試験（以下、受講試験）を合格したうえで実務研修を修了することが必要です。実務研修については、2016年度から実務従事者基礎研修と統合されて受講時間が87時間となっています。

　また、更新研修も専門研修課程Ⅰ・Ⅱあわせて88時間となっています。更新研修が近づいている場合は、業務とのバランスをどうとるかを考えておくことが必要です。

　さらに、2018年度（10月）から受講試験の受験要件が変わりました。それまで、国家資格取得者以外でも5年または10年以上の実務経験があれば受験できましたが、新要件では以下に限定されています。①介護福祉士や社会福祉士、看護師などの国家資格を取得してその資格にもとづく業務に従事、②もしくは生活相談員や支援相談員などの相談員業務に従事、③①②の従事期間が通算で5年以上、となりました。

居宅介護支援事業所の人員基準の再確認

人員	要件
管理者	・主任ケアマネ（2021年3月末まで経過措置あり） ・原則として管理者業務に専従する常勤の者であること。ただし、事業所の管理に支障がない限りにおいて、事業所のケアマネ業務に従事、もしくは同一敷地内の他事業の職務に従事することは可能 ・事業所の営業時間中には、利用者からの利用申込みなどに対応できる体制を整えること（管理者不在の場合は、他の従事者を通じて利用者と適切に連絡がとれるようにしておく）
ケアマネ	・利用者35人に対して常勤1名を配置 ・35人を超えた端数ごとに1名増員（非常勤でもOK）が望ましい

2018年度より変わった実務研修受講試験の受験資格

❶**法定資格保有者**　保健・医療・福祉に関する以下の法定資格に基づく業務に従事した期間

> 医師、歯科医師、薬剤師、保健師、助産師、看護師、准看護師、理学療法士、作業療法士、社会福祉士、介護福祉士、視能訓練士、義肢装具士、歯科衛生士、言語聴覚士、あん摩マッサージ指圧師、はり師、きゅう師、柔道整復師、栄養士（管理栄養含む）、精神保健士

❷**生活相談員**　生活相談員として、介護老人福祉施設などにおいて、要介護者などの日常生活の自立に関する相談援助業務に従事した期間

❸**支援相談員**　支援相談員として、介護老人保健施設において、要介護者などの日常生活の自立に関する相談援助業務に従事した期間

❹**相談支援専門員**　相談支援専門員が、要介護者などの日常生活に関する相談援助業務などに従事した期間

❺**主任相談支援員**　生活困窮者自立支援法第2条第3項に規定する事業の従事者として従事した期間

上記の該当する業務に従事した期間が**通算して5年以上**

ココがPOINT!

- 管理者要件が2020年度末までの経過措置付きで主任ケアマネに。更新研修もクリアしておこう
- ケアマネになるための受験資格も2018年度に変更

特定事業所加算

加算Ⅰ～Ⅲに新たな要件が誕生

居宅介護支援事業所の体制などを評価した特定事業所加算。2018年度改定では、Ⅰ～Ⅲに新要件がプラスされました

特定事業所加算では、2018年度に二つの見直し

　基準以上の体制を確保している場合に算定できるのが、特定事業所加算です。この加算について、2018年度改定では二つの点で見直しが行われました。

　ひとつは、それまでのⅠ～Ⅲを算定するうえで新要件が加わったこと。二つめは、Ⅰ～Ⅲの算定に上乗せする形で新区分のⅣが設けられたことです。

　ここでは、ひとつめの新要件について取り上げましょう。具体的には、ほかの法人が運営する居宅介護支援事業所と共同で事例検討会、研修会などを実施することです。

他法人の居宅介護支援事業所との共同研修会など

　上記の「事例検討会、研修会などの共同実施」ですが、厚労省の疑義解釈によれば、開催者か否かを問わず、2法人以上が事例検討会などに参加していればOKです。たとえば、市区町村や地域のケアマネ連絡会・協議会などと共同して実施する研修会などに、ほかの法人の居宅介護支援事業者が参加するというパターンも考えられます。

　ただし、「来月開催して、そこに参加してもらおう」といった形での実施・参加では、要件を満たすことはできません。少なくとも次年度が始まる前までに、その**次年度の計画を定めて市区町村に届け出ることが必要**です（なお、年度の途中で加算の届出をする場合には、その届出までに計画を定めることになります）。

　いずれにしても、計画作成では、共同する他法人の事業所とお互いの事業所が抱えている課題をすり合わせることが必要です。共同する相手の法人も「研修などに時間をとられる」わけですから、お互いの事業所のケアマネにとって有意義な機会となるように努めましょう。具体的なテーマ設定については、右図を参照してください。

特定事業所加算Ⅰ〜Ⅲの要件

共通要件
- 利用者にかかる情報伝達などを目的とした事業所内会議を開催していること
- 24時間連絡体制と必要に応じて利用者などの相談に対応する体制を確保すること
- 事業所のケアマネに対し、計画的に研修を実施していること
- 包括から支援困難な事例を紹介された場合も、居宅介護支援を提供していること
- 運営基準減算または特定事業所集中減算の適用を受けていないこと
- ケアマネ1人当たりの利用者の平均件数が40件以上ではないこと
- ケアマネ実務研修における実習などに協力または協力体制を確保していること

2018年度からの新要件
- 他の法人が運営する居宅介護支援事業所と共同で事例検討会、研修会などを実施すること(次年度が始まる前までに、次年度の研修などの計画を市区町村に提出)

> 研修テーマの例:「対医療連携に必要な知識とスキルについて」「在宅での看取りにかかるケアマネジメント」「自立支援に向けたリハビリ系サービスとの情報共有について」「ケアマネのための法令遵守研修」など

特定事業所加算Ⅰ〜Ⅲ独自の要件

	月に必要な単位	独自の要件
特定事業所加算Ⅰ	500単位	・常勤かつ専従の主任ケアマネを2名以上配置していること ・常勤かつ専従のケアマネを3名以上配置していること(Ⅱも同様) ・算定月の利用者のうち、要介護3〜5の人が4割以上 ・包括などが実施する事例検討会などに参加していること
特定事業所加算Ⅱ	400単位	・常勤かつ専従の主任ケアマネを配置していること(Ⅲも同様) ・常勤かつ専従のケアマネを3名以上配置していること(Ⅰと同様)
特定事業所加算Ⅲ	300単位	・常勤かつ専従の主任ケアマネを配置していること(Ⅱと同様) ・常勤かつ専従のケアマネを2名配置していること

特定事業所加算
新たに設けられた加算Ⅳ

新たに設けられた上乗せ加算のⅣをとりあげます。要件を見てもわかる通り、対医療連携がポイントです

退院・退所加算における「連携回数」が要件に

　特定事業所加算Ⅰ〜Ⅲに上乗せする形で設けられたⅣ（1カ月125単位）について、算定のための要件を整理してみましょう。まず、「上乗せ」という点からもわかるとおり、Ⅰ〜Ⅲを算定していることが要件のひとつとなっています。

　そのうえで、以下の二つの要件をともに満たすことが必要です。いずれも、算定する前々年度の3月から前年度の2月までの実績が問われるものです。

　ひとつめの要件は、退院・退所加算（148ページ参照）を算定する際に要件となっている「医療機関など（介護保険も含む）」との連携実績が35回以上であることです。

　この場合、加算の算定回数ではなく、連携実績であることに注意が必要です。たとえば、退院・退所加算Ⅱの場合、連携回数は（カンファレンスの参加の有無を問わず）2回となります。つまり、退院・退所加算Ⅱを18回算定すれば、連携回数は36回となり、加算要件を満たすことになります。

　2019年度に算定する場合、2018年3月の改定前の退院・退所加算の「算定回数」と、翌4月から2019年2月までの「連携回数」の合計という特例的な計算となります。

ターミナルケアマネジメント加算の実績も問われる

　二つめの要件は、ターミナルケアマネジメント加算（150ページ参照）を5回以上算定していることです。ただし、このターミナルケアマネジメント加算は、2018年4月から適用されているもので、2019年度にⅣを算定しようとする場合、前々年度3月にあたる月は「制度が存在しなかったこと」になります。この場合も特例的な計算となりますが、2018年3月は算定月から外して（翌4月から）計算します。

2019年度から算定が始まる特定事業所加算Ⅳの要件

特定事業所加算Ⅳの要件

❶ 特定事業所加算Ⅰ～Ⅲのいずれかを取得

❷ ターミナルケアマネジメント加算の算定回数が年間5回以上

❸ 退院・退所加算の要件である、医療機関や介護保険施設との連携回数が年間35回以上

月125単位
前々年度の3月（❷は19年度算定に限って前年度4月）から前年度2月までの実績で算定

特定事業所加算Ⅳの計算例

①退院・退所加算Ⅰを10回算定→連携回数は10回
②退院・退所加算Ⅱを10回算定→連携回数は20回
③退院退所加算Ⅲを2回算定→連携回数は6回
①＋②＋③で連携回数は36回→算定要件クリア！

対医療連携に「どれだけ力を入れているか」を評価した加算です。医療機関とのやりとり（連携回数）が問われるという意味では、利用者の退院時や末期がんケースでのケアマネジメントについて対応マニュアルをしっかり整えておくことが必須となります

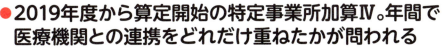
- 2019年度から算定開始の特定事業所加算Ⅳ。年間で医療機関との連携をどれだけ重ねたかが問われる
- 退院・退所加算の「連携回数」が要件となる

減算の確認
居宅介護支援の各種減算

公正・中立の確保において常に問題となる「特定事業所の集中」。2018年度からは再び見直しが行われました

特定事業所集中減算の対象が再び3サービスに

　居宅介護支援にかかる減算について確認しておきましょう。まずは、たびたび改定されている特定事業所集中減算（1カ月200単位減算）についてです。

　これは、ケアプランに位置づける「訪問介護、通所介護、福祉用具貸与」について、正当な理由なく特定の事業所の割合が（サービスごとに）80％を超える場合に適用されます。ここでいう「正当な理由」の範囲については、右図を参照してください。

　2015年度改定では、割合が90％→80％に引き下げられたほか、居宅療養管理指導以外の全居宅サービス（GHや小規模多機能の短期利用も含む）が対象となっていました。これが、対象サービスのみ2015年度改定前に戻ったことになります。

2カ月以降は報酬ゼロ。運営基準減算に要注意

　省令で定められたいくつかの基準においては、それが満たされない場合に運営基準減算が適用されます。減算率は50％で、減算要件が2カ月以上続いている場合は、報酬を算定できなくなります。ケアマネにとって、特に注意したいポイントです。

　主な要件は以下のとおりです。①ケアプラン作成時に利用者と面談していない。②基準で定められたタイミングでサ担会議を行っていない。③利用者・家族に対するプラン原案の提示や交付、文書による同意を得ていない。④モニタリングの実施や記録を行っていない。2018年度からは、これらに加えて「利用者に対して、①複数の事業所の紹介をしていない、②ケアプランにその事業所を位置づけた理由を求めることができると説明していない」ことが追加されました（詳細は40ページ参照）。

特定事業所集中減算の対象となるケース

❶ 判定対象は、過去6カ月間に作成されたケアプラン
❷ ❶のケアプランに位置づけられたサービスのうち、以下が対象
　訪問介護・通所介護・福祉用具貸与
❸ ❷のサービスごとに、「正当な理由」なく、特定の法人の事業所の割合が80％を超えた場合

具体的にはどのように計算するの？

過去6カ月のプランから対象サービスを位置づけたプランを抜き出す

例：訪問介護

A法人の事業所	B法人の事業所	C法人の事業所
85％	**10％**	**5％**

80％を超えているので減算が適用
（所定単位数から、月200単位を減算）

「正当な理由」って何？

・通常の事業実施地域で、各サービスが5事業所未満
・特別地域居宅介護支援加算を受けている場合
・ひと月あたりのプラン数が20件以下など、小規模事業所の場合
・各サービスを位置づけたプラン数が10件以下など、サービス利用が少数
・サービスの質が高いなど、利用者の希望を勘案した場合（利用者から希望理由書の提出を受け、プランを地域ケア会議等に提出して支援内容についての意見・助言を求めることが必要）

利用者のお金の話

利用者の費用負担につい␥ての注意点

利用者負担に2～3割が導入され、補足給付の判定も厳しくなりました。利用者への説明ポイントを整理しましょう

利用者に負担割合証の確認を求めておきたい

　65歳以上の利用者を対象に、一定以上の所得（年金収入280万円以上など）がある人に2割負担が、さらに所得の高い（年金収入340万円以上など）人に3割負担が適用されています。利用者の中には、「前年度に一時的に所得が増えた」などのケースもあり、そうなると「いきなり負担が増えた」と感じる人もいるでしょう。実際は、8月までに「その年の負担割合」を示した負担割合証が保険者から送られてきますが、ケアマネとしては**見落としていないかを確認**しておきたいものです。

　また、短期入所サービスなどを使う場合の居住費や食費について、補足給付の判定基準も「預貯金」などが加わって厳しくなっています。ケアマネが補足給付の申請を代行するケースも多いなかでは、二度手間にならないように注意しましょう。

区分支給限度基準額の適用範囲も頭に入れておく

　利用者負担で混乱しやすいのが、区分支給限度基準額に含まれない加算などがあることです。限度額ぎりぎりのケースは少ないとはいえ、「こっちの加算では限度額をオーバーしてしまうのに、こっちの加算でオーバーしないのはなぜか」となりがちです。たとえば、定期巡回・随時対応型の総合マネジメント加算は区分支給限度額に含まれませんが、通所・訪問リハビリのリハビリ・マネジメント加算は含まれます。似たような名前という点で、利用者にはわかりにくい点かもしれません。

　また、2018年度から同一建物等居住者への訪問系サービスの減算が拡大されました。これについて、減算の適用がある・なしで不公平にならないよう、区分支給限度基準額の計算は、減算前の単位で行うことになっています。

区分支給限度基準額の対象外に位置づけられている加算

区分支給限度基準額を超えているかどうかを判定する際に以下の加算は外して計算する

種類	加算等の名称
交通の便が悪い地域における経営の安定を図ること等を目的とした加算	・特別地域加算（各種サービス） ・中山間地域等における小規模事業所加算（各種サービス） ・中山間地域等に居住する者へのサービス提供加算（各種サービス）
介護職員の処遇改善に資する加算	・介護職員処遇改善加算（各種サービス） ・サービス提供体制強化加算（各種サービス）
医療ニーズへの対応に関する加算等	・緊急時訪問看護加算、特別管理加算、ターミナルケア加算（訪問看護、定期巡回・随時対応型訪問介護看護、看護小規模多機能型居宅介護） ・緊急時施設療養費、特別療養費（介護老人保健施設、介護医療院における短期入所療養介護） ・特定診療費（病院・診療所、介護医療院における短期入所療養介護）
在宅における生活の継続支援を目的とする加算	・総合マネジメント体制強化加算（定期巡回・随時対応型訪問介護看護、小規模多機能型居宅介護、看護小規模多機能型居宅介護） ・訪問体制強化加算（小規模多機能型居宅介護、看護小規模多機能型居宅介護） ・看護体制強化加算（看護小規模多機能型居宅介護）

集合住宅にかかる減算が適用される場合
区分支給限度基準額を超えているかどうかの判定は、**減算適用前の所定単位**で行う

ココが POINT！

- 前年の収入が一時的に増えた利用者には2〜3割負担の適用も。負担割合証の確認をお願いしよう
- 区分支給限度基準額に含まれない加算の説明を

給付管理

ケアマネの
給付管理業務

毎月ケアマネの頭を悩ませがちなのが、給付管理業務でしょう。その月に何をすればいいのかを整理します

ケアマネの給付管理の流れはどうなっている？

　ケアマネ業務を月単位で見た場合、もっとも慌ただしくなるのが、月末から翌月の10日にかけてでしょう。その間にしなければならないことが、給付管理です。
　①まず月末までに、ケアプランに位置づけたサービス提供事業者から、「サービス利用の実績」を記した「サービス提供票」が送られてきます。②ケアマネは「サービス提供票」に記された実績を確認し、前月末に作成した「サービス利用票」の内容と異なっている場合は、サービス提供事業者に問い合わせます。
　③②を行ったうえで「サービス利用票」の実績欄を記入し、それをもとに給付管理票を作成します。④③の給付管理票とともに居宅介護給付費請求書を作成し、翌月10日までに国民健康保険団体連合会（以下、国保連）にあわせて提出します。

給付管理の間違いリスクを減らせるスケジュール調整を

　上記で特に注意したいのが、②の部分です。この提供票の実績と利用票の照合が不十分だと、サービス提供事業者が国保連に提出する明細と給付管理票の内容が一致しないという事態にもなりかねません。そうなると、国保連から書類が差し戻されてしまいます。訂正して再提出したとして、仮にその月の締め切りを過ぎていれば、介護給付費の支払いは翌月以降となり、事業者に大きな損害が生じます。
　この点を考えたとき、月の初旬は自身の業務にできるだけ余裕をもたせることが大切です（余裕をもたせることで、間違いが生じるリスクも減らせます）。もちろん、利用者に対する緊急対応が生じることもありますが、急変リスクなどの高い利用者のモニタリングをその直前に設定することで、予測しやすい環境を整えておきましょう。

ケアマネの給付管理業務を整理する

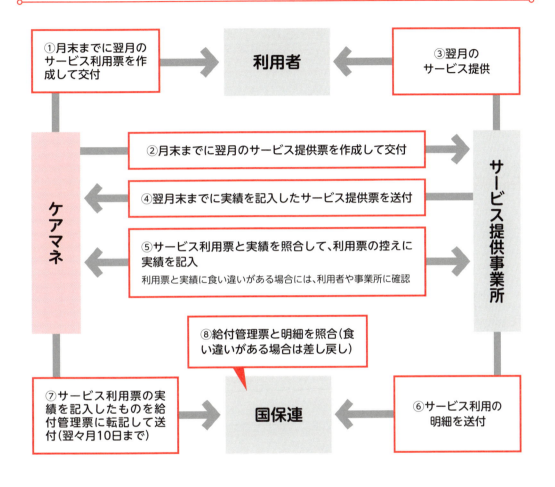

ココがPOINT!
- 月末から翌月10日にかけては、給付管理業務に追われがち。流れを頭に入れて効率的な業務スタイルを
- 急変リスクのある利用者のモニタリング設定に注意

参考資料

ACP（アドバンス・ケア・プランニング）の概要

ACP（アドバンス・ケア・プランニング）の概念にもとづいた「人生の最終段階における医療・ケアの方針の決定手続き」
〜厚労省「人生の最終段階における医療・ケアの決定プロセスに関するガイドライン」より〜

> **ACP（アドバンス・ケア・プランニング）とは**
> 利用者自らが望む人生の最終段階における医療・ケアについて、前もって考え、医療・ケアチームなどと繰り返し話し合い、共有する取り組みのこと

本人の意思の確認ができる場合

❶ 専門的な医学的検討を経て、医師などが適切な情報の提供と説明を行う
❷ 本人、家族と医療・ケアチームとの合意形成に向けた十分な話し合いを行う
❸ 時間経過や心身状態によって本人の意思が変化しうるので、医療・ケアチームによる随時の情報提供・説明とともに、❷の話し合いを繰り返し行う
❹ 話し合った内容は、そのつど文書にまとめておく

本人の意思の確認ができない場合

❶ 家族などが本人の意思を推定できる場合には、その推定意思を尊重する
❷ 家族などが本人の意思を推定できない場合には、本人にとって何が最善であるかについて、医療・ケアチームは家族などと十分に話し合う
❸ 家族などがいない場合や家族などが判断を医療・ケアチームに委ねる場合には、本人にとっての最善の方針をとる
❹ 話し合った内容は、そのつど文書にまとめておく

本人と医療・ケアチームとの話し合いのなかで、妥当で適切な医療・ケアの内容についての合意が得られない場合、家族などのなかで意見がまとまらない場合など

複数の専門家からなる話し合いの場を別途設置する。また、医療・ケアチーム以外の者を加えて、方針などについての検討及び助言を得る

住宅改修にケアマネがかかわる場合の流れ

❶利用者から相談
利用者からケアマネに住宅改修の相談(ケアマネジメントの過程で、住宅改修がプランに上がることもある)

❷事業者の選定
利用者に複数の事業者を提示(会社概要・見積もり)。利用者の意向を尊重したうえで、住宅改修を手がける事業者を選定。その後、事業者の担当者との打ち合わせを行う(あるいは、サービス担当者会議に招致する)

❸住宅改修申請書類作成
住宅改修申請に際して必要な「住宅改修の理由書」をケアマネが作成するケースもある(申請については、事業者が行うことがあるが、ケアマネが代行することも多い。申請に必要な書類は以下の通り)

❹住宅改修に着手
利用者宅に「住宅改修確認書」が送付された後、住宅改修に着手

❺事後申請
住宅改修費の支給を受けるため、工事終了の事後申請を行う(ケアマネもしくは住宅改修事業者が代行することも。ちなみに、申請に必要な書類は以下の通り)

❻住宅改修費の支給
住宅改修費が利用者に支給される(償還払い)

申請に必要な書類

住宅改修申請
- 住宅改修費支給・事前支給申請書(行政窓口で入手)
- 工事予定の図面
- 工事前の改修点の写真
- 住宅改修の理由書
- 賃貸住宅などの場合、住宅所有者の承諾書

事後申請
- 住宅改修費支給申請書(行政窓口で入手)
- ケアプラン
- 改修費の請求書・領収書
- 工事費内訳書(介護保険対象の工事の種類を明記)
- 完成後の写真(日付入り)

入院時情報連携加算の様式例

入院時情報提供書(ケアマネジャー → 医療機関)
※ケアプラン1表・2表・3表／興味関心チェックシート／お薬手帳(いずれもコピー)／住環境に関する写真 などを添付

病院 担当者 様　(記入日: 年 月 日 ／ 入院日: 年 月 日)

利用者(患者)／家族の同意に基づき、利用者情報(身体・生活機能など)の情報を送付します。是非ご活用下さい。

担当ケアマネジャー名	(フリガナ)	電話番号	
居宅介護支援事業所名		FAX番号	

【担当ケアマネジャーより、医療機関の方へお願い】
・退院が決まり次第、連絡をお願いします
・必要に応じて、退院時の情報提供をお願いします
・「退院前訪問指導」を実施する場合は、ぜひケアマネジャーを同行させて下さい

1. 利用者(患者)基本情報について

患者氏名	(フリガナ)		年齢	才	性別	男　女
			生年月日	明・大・昭・平　年　月　日生		
住所			電話番号			
住環境 ※可能ならば、「写真」などを添付	□戸建て　□集合住宅(2階居住) ・住まいに関する特記事項(	エレベーター	□なし　□あり(　　　) 　　　　　　　　　　　　　)			
入院時の要介護度	□要支援(　)　□要介護(　)　□申請中　□未申請					
(認知症)日常生活自立度	□自立　□Ⅰ　□Ⅱa　□Ⅱb　□Ⅲa　□Ⅲb　□Ⅳ　□M					
(障害)日常生活自立度	□自立　□J1　□J2　□A1　□A2　□B1　□B2　□C1　□C2					
自己負担割合	□1割　□2割　□不明	障害など認定	□なし　□あり(　　　　　　)			
年金などの種類	□国民年金　□厚生年金　□障害年金　□生活保護　□その他( )					

2. 家族の情報について

家族構成	□独居 □同居	キーパーソン (連絡先)	氏名 (続柄／年齢)　(　　　　)
主介護者	(　　　才)		(　　　　　　　)

3. 本人／家族の意向について

本人の性格／ 趣味・関心領域 など	
本人の生活歴	
本人の意向	
入院前の 家族の意向 (特に生活について)	

4. 今後の生活展望について(ケアマネとしての意見)

在宅生活に 必要な要件	
家族の介護力*	□独居　□日中独居　□高齢世帯　□サポートできる家族や支援者が不在 □家族が要介護状態／認知症である　□その他( )
特記事項 (特に注意すべき点など)	

5. カンファレンスについて(ケアマネからの希望)

「院内の多職種カンファレンス」への参加	□希望あり	
「退院前カンファレンス」への参加	□希望あり	

平成28年度老人保健健康増進等事業(株式会社日本能率協会総合研究所)
「入退院時におけるケアマネジャーと医療機関等職員との多職種連携を踏まえたケアマネジメントの質の向上に関する調査研究事業」

6. 身体・生活機能の状況／療養生活上の課題について

	麻痺の状況	なし	軽度	中度	重度	褥瘡の有無	□なし　□あり		
ADL	移動	自立	見守り	一部介助	全介助				
	移乗	自立	見守り	一部介助	全介助	移動手段	□杖　□歩行器　□車いす　□その他		
	更衣	自立	見守り	一部介助	全介助	起居動作	自立	見守り	一部介助	全介助
	整容	自立	見守り	一部介助	全介助				
	入浴	自立	見守り	一部介助	全介助				
	食事	自立	見守り	一部介助	全介助				

食事内容	食事回数	・朝：　　時頃　・昼：　　時頃　・夜：　　時頃	食事制限	□なし　□あり（　　　　）
	食事形態	□普通　□きざみ　□嚥下障害食　□ミキサー	水分制限	□なし　□あり（　　　　）
	摂取方法	□経口　　　□経管栄養　　水分とろみ　□なし　□あり	UDF等の食形態区分	

口腔	嚥下機能	むせない	時々むせる	常にむせる	義歯	□なし　□あり
	口腔清潔	良	不良	著しく不良	口臭	□なし　□あり

排泄*	排尿	自立	見守り	一部介助	全介助	ポータブルトイレ	□なし　□あり　□夜間　□常時
	排便	自立	見守り	一部介助	全介助	オムツ／パッド	□なし　□あり　□夜間　□常時

睡眠の状態	良　不良（　　　　　）	眠剤の使用	□なし　□あり	睡眠時間	時間/日
喫煙量	本くらい/日あたり	飲酒量		合くらい/日あたり	

コミュニケーション能力	視力	問題なし	やや難あり	困難	メガネ	□なし　□あり（　　　　）
	聴力	問題なし	やや難あり	困難	補聴器	□なし　□あり
	言語	問題なし	やや難あり	困難	コミュニケーションに関する特記事項：	
	意思疎通	問題なし	やや難あり	困難		

精神面における療養上の問題	□なし □幻視・幻聴　□興奮　□焦燥・不穏　□妄想　□暴力/攻撃性　□介護への抵抗　□不眠 □昼夜逆転　□徘徊　□危険行為　□不潔行為　□その他（　　　　）
疾患歴*	□なし □悪性腫瘍　□認知症　□急性呼吸器感染症　□脳血管障害　□骨折 □その他（　　　）

入院歴*	最近半年間での入院	□なし　　□あり（　H　年　月　日　～　H　年　月　日）　　□不明
	入院頻度	□頻度は高い／繰り返している　　□頻度は低いが、これまでにもある　　□今回が初めて

医療処置*	□なし □点滴　□酸素療法　□喀痰吸引　□気管切開　□胃ろう　□経鼻栄養　□経腸栄養　□褥瘡 □尿道カテーテル　□尿路ストーマ　□消化管ストーマ　□痛みコントロール　□排便コントロール □自己注射　　　　　　　　　　　□その他（　　　　）

7. お薬について　※必要に応じて、「お薬手帳(コピー)」を添付

内服薬	□なし　□あり（　　　）	居宅療養管理指導	□なし　　□あり（職種：　　　　）
薬剤管理	□自己管理　□他者による管理　・管理者：		・管理方法：
服薬状況	□処方通り服用　□時々飲み忘れ　□飲み忘れが多い、処方が守られていない		
お薬に関する、特記事項			

8. かかりつけ医について

かかりつけ医機関名		電話番号	
医師名	（フリガナ）	診察方法 ・頻度	□受診　□訪問診療 ・頻度＝（　）回　／　月・週

*＝退院支援者スクリーニング必要項目　　　　　　　　　　　　　　（記入日：　年　月　日　現在の状況）

参考資料

退院・退所加算の様式例

退院に向けたヒアリングシート ～「課題整理総括表」の作成に向けて～

1. 基本情報・現在の状態 等

属性	フリガナ		性別	年齢	退院時の要介護度（□要区分変更）
	氏名	様	□男 □女	歳	□なし □申請中 □要支援（ ） □要介護（ ）

今回の入院概要	入退院日	・入院日：H ___年 ___月 ___日　　・退院予定日：H ___年 ___月 ___日
	入院原因疾患	
	入院先	_____（病院）　_____（病棟）　_____（階）　_____（号室）
	退院後通院先	□入院していた医療機関　□入院先以外の病院　□診療所　□通院の予定なし

①疾患と入院中の状況	現疾患の状況		既往歴	
	移動手段	□杖　□歩行器　□車いす　□その他（　　　　　　　　　　　　　　　　）		
	入浴方法	□行わず　□機械浴　□シャワー浴　□一般浴		
	排泄方法	□トイレ　□ポータブル　□おむつ　カテーテル・パウチ（　　　　　　　　　　）		
	食事形態	□経管栄養　□普通　□その他（　　　　　　　　　　）	UDF等の食形態区分	
	嚥下機能	□むせない　□時々むせる　□常にむせる		
	口腔清潔	□良　□不良　□著しく不良　義歯　□元々なし　□入院中は使用なし　□入院中使用		
	口腔ケア	□出来た　□出来なかった　□本人にまかせた		
	睡眠	□良好　□不良（　　　　　　　　　　　　　）	□眠剤の使用	
	認知・精神	□認知機能低下　□せん妄　□徘徊　□焦燥・不穏　□攻撃性　□その他（　　　　）		

②本人や家族の受け止め／意向	本人の受け止め方	（病気）	（障害・後遺症）	（病名告知）
				□あり　□なし
	家族の受け止め方			
	退院後の生活に関する本人の意向			
	退院後の生活に関する家族の意向			

2. 課題認識のための情報

③退院後に必要な事柄	医療処置	（処置内容） □なし □点滴　□酸素療法　□喀痰吸引　□気管切開 □胃ろう　□経鼻栄養　□経腸栄養　□褥瘡 □尿道カテーテル　□尿路ストーマ　□消化管ストーマ □痛みコントロール　□排便コントロール □自己注射（　　　　　　　）　□その他（　　　　　　　）	⇒	（在宅で継続するための要件）
	看護の視点	□なし □血圧　□水分制限　□食事制限　□食形態　□嚥下　□口腔ケア　□清潔ケア □血糖コントロール　□排泄　□皮膚状態　□睡眠　□認知機能・精神面　□服薬指導 □療養上の指導（食事・水分・睡眠・清潔ケア・排泄 などにおける指導）　□ターミナル □その他（　　　　　　　　　　　　　　　　　　　　　　　　　　　　　　　　）		
	リハビリの視点	□なし □本人指導　□家族指導　□関節可動域練習（ストレッチ含む）　□筋力増強練習　□バランス練習 □麻痺・筋緊張改善練習　□起居／立位等基本動作練習　□摂食・嚥下訓練　□言語訓練 □ADL練習（歩行／入浴／トイレ動作／移乗等）　□IADL練習（買い物、調理等） □疼痛管理（痛みコントロール）　□更生装具・福祉用具等管理　□運動耐容能練習 □地域活動支援　□社会参加支援　□就労支援　□その他（　　　　　　　　　　）		
	禁忌事項	（禁忌の有無） □あり　□なし	（禁忌の内容／留意点）	

平成28年度老人保健健康増進等事業（株式会社日本能率協会総合研究所）
「入退院時におけるケアマネジャーと医療機関等職員との多職種連携を踏まえたケアマネジメントの質の向上に関する調査研究事業」

症状・病状の予後・予測		例）医療機関からの見立て・意見（今後の見通し、急変の可能性や今後、どんなことが起こりうるか（合併症）、良くなっていく方向か、ゆっくり落ちていく方向なのか など）
退院にあたっての日常生活の阻害要因（心身の状況・環境など）	①疾患と入院中の状況から	
	②本人・家族の受け止め／意向から	
	③退院後に必要な事柄から	
	④その他	

状況の事実		現在の状況	要因	改善/維持の可能性	状況・支援内容等	見通し
移動	室内移動	自立　見守り　一部介助　全介助		改善　維持　悪化		例）おおよその到達可能なレベルの確認（どの位の期間で、どのレベルまでいけそうか など）
	屋外移動	自立　見守り　一部介助　全介助		改善　維持　悪化		
食事	食事内容	支障なし　支障あり		改善　維持　悪化		
	食事摂取	自立　見守り　一部介助　全介助		改善　維持　悪化		
排泄	排尿・排便	支障なし　支障あり		改善　維持　悪化		
	排泄動作	自立　見守り　一部介助　全介助		改善　維持　悪化		
口腔	口腔衛生	支障なし　支障あり		改善　維持　悪化		
	口腔ケア	自立　見守り　一部介助　全介助		改善　維持　悪化		
服薬		自立　見守り　一部介助　全介助		改善　維持　悪化		
入浴		自立　見守り　一部介助　全介助		改善　維持　悪化		
更衣		自立　見守り　一部介助　全介助		改善　維持　悪化		
家事動作		自立　見守り　一部介助　全介助		改善　維持　悪化		
コミュニケーション能力		支障なし　支障あり		改善　維持　悪化		
認知		支障なし　支障あり		改善　維持　悪化		
褥瘡・皮膚の問題		支障なし　支障あり		改善　維持　悪化		
行動・心理症状（BPSD）		支障なし　支障あり		改善　維持　悪化		
居住環境		支障なし　支障あり		改善　維持　悪化		

回目	聞き取り日	情報提供者名・職種			
（回目）	＿＿＿＿年　　月　　日	□医師（　　　　　） □MSW（　　　　　）	□看護師（　　　　　） □歯科医師・歯科衛生士（　　　　　）	□リハ職（　　　　　）	□（　　　　　）
（回目）	＿＿＿＿年　　月　　日	□医師（　　　　　） □MSW（　　　　　）	□看護師（　　　　　） □歯科医師・歯科衛生士（　　　　　）	□リハ職（　　　　　）	□（　　　　　）

参考資料

[著者プロフィール]

田中 元（たなか・はじめ）

昭和37年群馬県出身。介護福祉ジャーナリスト。立教大学法学部卒業。出版社勤務後、雑誌・書籍の編集業務を経てフリーに。主に高齢者の自立・介護などをテーマとした取材、執筆、ラジオでのコメンテーター、講演等の活動を精力的に行っている。『ケアマネジャー』（中央法規出版）などに寄稿するほか、著書に、『新版 介護の事故・トラブルを防ぐ70のポイント』『速報！ 2017-2018年度施行 改正介護保険早わかり』（自由国民社）、『介護リーダーの問題解決マップ 〜ズバリ解決「現場の困ったQ&A」ノート〜』（ぱる出版）、『サービス提供責任者便利帖』『現場で使える認知症ケア便利帖』（翔泳社）など。

装　丁	原てるみ、大野郁美（mill design studio）
カバーイラスト	江田ななえ http://nanae.or.tv
本文イラスト	フクモトミホ
本文デザイン・DTP	竹崎真弓（株式会社ループスプロダクション）
編集	金丸信丈・花塚水結（株式会社ループスプロダクション）

現場で使える ケアマネ新実務便利帖

2018年12月21日　初版第1刷発行

著　者	田中 元
発行人	佐々木 幹夫
発行所	株式会社 翔泳社（https://www.shoeisha.co.jp）
印刷・製本	日経印刷 株式会社

©2018 Hajime Tanaka

本書は著作権法上の保護を受けています。本書の一部または全部について（ソフトウェアおよびプログラムを含む）、株式会社 翔泳社から文書による快諾を得ずに、いかなる方法においても無断で複写、複製することは禁じられています。

本書へのお問い合わせについては、2ページに記載の内容をお読みください。

造本には細心の注意を払っておりますが、万一、乱丁（ページの順序違い）や落丁（ページの抜け）がございましたら、お取り替えいたします。03-5362-3705までご連絡ください。

ISBN978-4-7981-5956-0　　　　Printed in Japan